黄朴民◎著

读懂经典
DUDONG JINGDIAN

兵学圣典
孙武与《孙子兵法》

中国少年儿童新闻出版总社
中国少年儿童出版社
北　京

图书在版编目（CIP）数据

兵学圣典：孙武与《孙子兵法》/ 黄朴民著 . -- 北京：中国少年儿童出版社，2021.3
（读懂经典）
ISBN 978-7-5148-4485-6

Ⅰ. ①兵… Ⅱ. ①黄… Ⅲ. ①兵法 – 中国 – 春秋时代 ②《孙子兵法》– 研究③孙武 – 人物研究 Ⅳ. ① E892.25 ② K825.2

中国版本图书馆 CIP 数据核字（2020）第 281918 号

BINGXUE SHENGDIAN
（读懂经典）

出版发行：中国少年儿童新闻出版总社
　　　　　中国少年儿童出版社

出 版 人：孙　柱
执行出版人：马兴民

丛书策划：李学谦	封面设计：缪　惟
责任编辑：徐　伟	责任校对：刘文芳
张　靖	责任印务：厉　静

社　　址：北京市朝阳区建国门外大街丙 12 号　　邮政编码：100022
编 辑 部：010-57526303　　　　　　　　　　　　总 编 室：010-57526070
发 行 部：010-57526608　　　　　　　　　　　　官方网址：www.ccppg.cn
印　　刷：北京瑞禾彩色印刷有限公司

开　本：720mm×1000mm　　1/16　　　　　　　印　张：10.5
版　次：2021 年 3 月第 1 版　　　　　　　　　印　次：2021 年 3 月北京第 1 次印刷
字　数：130 千字　　　　　　　　　　　　　　印　数：5000 册
ISBN 978-7-5148-4485-6　　　　　　　　　　　定　价：68.00 元

图书出版质量投诉电话 010-57526069，电子邮箱：cbzlts@ccppg.com.cn

目录

上篇：孙子其人其事 / 1

第一章　乱哄哄的春秋时代 / 2
第二章　田家又添好儿郎 / 10
第三章　南下吴国，崭露头角 / 19
第四章　西破强楚 / 46
第五章　飘然高隐 / 66

下篇：《孙子兵法》的永恒价值 / 77

第一章　博大精深的《孙子兵法》/ 78
第二章　慎战至上：《孙子兵法》的战争观念 / 89
第三章　全胜至上：《孙子兵法》的战略思想 / 96
第四章　兵无常势：《孙子兵法》的克敌制胜之道 / 101
第五章　令文齐武：《孙子兵法》的军队管理思想 / 120
第六章　见证沙场：《孙子兵法》与历代战争 / 131
第七章　观诸兵书，无出孙武：《孙子兵法》的地位与影响 / 145

上篇 孙子其人其事

东亚大陆与南亚次大陆板块的运动和挤压，造就了号称"世界屋脊"的喜马拉雅山脉；漫长的社会文明嬗递过程中，物质世界和精神活动的震荡与催化，诞生了一位被誉为"一代兵圣"的孙武。在血与火的搏击中，在智和力的较量里，他呕心沥血，剔精抉微，铸成了一部不朽的兵学巨著——《孙子兵法》。从此，孙子走进了历史，英名与天地同存。

人们在颂扬孙子、推崇《孙子兵法》的同时，也许会不约而同地提出这样的问题：为什么早在两千多年前，会出现这样一位伟大的历史人物？为什么生活在"丘牛大车"时代的孙子，能够写出一部体系完备、见解深刻、影响深远的兵学巨著？

现在，就让我们将目光投向幽远的春秋时代，踩踏着历史的履痕，一起去寻求那大家所共同期待着的答案。

第一章 乱哄哄的春秋时代

人心散了，"天下共主"被挑战

公元前770年，西周的历史走到了尽头。由于周幽王无道，宠幸妃子褒姒（bāo sì），驱逐太子，后又犯下"烽火戏诸侯"的大错，最终酿成了惨剧——西方的犬戎攻入镐京（今陕西西安西边，镐 hào），周幽王被杀，西周灭亡。周幽王的儿子周平王被迫离开镐京，辗转迁都洛邑（今河南洛阳）。因为洛邑在镐京的东边，历史上把迁都后的周朝称为东周。

跟着都城一起发生变化的，还有各诸侯对周天子的态度。

周朝刚刚建立的时候，各地存在着很多方国和

> 周公，姬姓，名旦，周文王姬昌第四子，周武王姬发的弟弟，曾两次辅佐周武王东伐纣王，并制作礼乐。因其采邑在周，爵为上公，故称周公。

部族。受当时的地理环境和交通限制，从一个地方到另一个地方很困难，中央政权没能力统管起来，只好听之任之。周朝开国之初，周武王、周公考虑到这个情况，就采取分封诸侯的办法，给王族的成员、有功的臣子将领和地方领袖封了爵位，还分给地盘，让他们代替周天子管理各地，这就叫"诸侯国"。诸侯服从周天子的命令，又是各国的君主，君位世袭。但是随着周王室开始衰落，诸侯的实力大大增强，他们越来越不把周天子当回事。无论是政权管理，

烽火戏诸侯

还是发展经济、壮大军队，甚至相互争战，诸侯都自行其是，自己拿主意。周天子连消息都不知道，直接管的地界也越来越小。东周的历史进入了"春秋时期"。

"春秋"本来是鲁国一部史书的书名，书里记载着从公元前722年到公元前481年的大事。后来，历史学家就用"春秋"称呼东周前期的历史，具体是指公元前770年到公元前476年的这一段时期。

随着周王室力量不断衰落，实力强大的诸侯国便不再定期向周天子述职、纳贡，反而蠢蠢欲动，不再遵从周天子令。

最早挑战周天子权威的是郑庄公。后来又出现了齐桓公、宋襄公、晋文公、秦穆公、楚庄王等。他们都是诸侯里的强人，当过霸主。但是在当时，传统的宗法观念仍然深植人心，周天子仍是名义上的天下共主，各诸侯仍要借助这块金字招牌，所以在争霸战争中，他们经常会打出"尊王"的旗号。

春秋前期政治生活中的另一内容，就是戎狄对华夏诸国的侵扰。因为戎狄的社会文明发展程度较低，他们对华夏族的掠夺威胁着华夏人民的生活，所以诸侯们纷纷提出"攘夷"的口号，为自己的争

> 戎狄是先秦时代华夏族对西方和北方的非华夏部落的统称。周朝时称南方部落为蛮；东方部落为夷；西方部落为戎；北方部落为狄。

霸斗争服务。

长期绵延不断的争霸斗争，严重消耗了大国的实力，各大国内部的矛盾日益尖锐。这就给了诸侯国内部的卿大夫提供了绝好的机会。本来卿大夫是国王及诸侯所分封的臣属，要服从君命，辅助国君进行统治，但随着一部分卿大夫逐渐强大起来，他们开始成为社会政治生活中的主角。

强大起来的卿大夫之间互相兼并，进行激烈的斗争。在这一过程中，晋国的魏、韩、赵宗族，齐国的田氏家族等成为斗争的胜利者，赢得了政权。这时，战国的晨曦已出现在东方的天际。

> 卿大夫是卿和大夫的统称，指诸侯国内所有被任命职权的臣子，卿的地位比大夫高。

战争方式变了样

中国的历史，最早要追溯到远古时期的传说。那时候就出现了战争，战争规模不是很大，跟一群人打群架区别不大。随着生产力的发展，华夏民族从原始社会进入了奴隶社会，但战争胜负的关键依旧靠的是硬实力，实力强大的一方往往在战争中取得胜利。

然而，历史进入春秋时期后，战争发生了很大的变化，战争的规模、频率大大超过以前。在春秋

春秋战车

时期近三百年的时间里，各种战争此起彼伏，不下数百次。战争的频繁程度远远超过了远古和夏、商、西周时期，烽烟迭起，戈戟进击，战车驰骋，旌旗翻卷，杀得昏天黑地，拼得死去活来。其间又穿插着外交上的纵横捭阖、政坛上的尔虞我诈。在战争中，一些诸侯国覆亡了，一些卿大夫没落了，一些大国疆域扩大了，一些强宗大族崛起了。次数频繁、交锋激烈、空间宽广、样式多种的战争实践正是兵圣孙武诞生的背景，是孙子兵学体系构筑的主要动力。

春秋时期的战争，战争的作战样式和指挥方式

> 周朝时，"国"指城邑，"野"指乡村。

也较以往的战争趋于完备和复杂。一般而言，大方阵的车战是当时作战的最主要样式。然而自春秋中期起，由于井田制的衰落，"国""野"界限渐渐模糊，"野人"大量涌入军队，武器装备有了很大改进，再加上同戎狄步兵作战的需要，各国的步兵重新崛起，步战再次渐渐占据主导地位。同时，从春秋时期开始，水军渐渐得到发展，水战在南方地区较为流行。而商代萌芽的单骑，到了春秋末年也有了初步的成长。

随着战争类型越来越多样复杂，战争除了堂堂布阵的正面会战外，城战、要塞战、伏击包围战、奇袭战等新的战法也开始出现。中国的战争终于从打群架的时代进入了讲究战争策略的时代。战争的指挥者也普遍注意将军事斗争与政治斗争、外交斗

城市防御战

争加以结合，重视运用智谋韬略，注重灵活用兵布阵，从而使战争不断呈现出新的面貌、新的气象。

到了春秋晚期时，军事理论家系统构筑军事理论体系，指导战争实践已有了可能。

文化垄断被打破

孙武出生前的那个时期，西周以来"学在官府"的格局被打破了，思想解放的潮流澎湃而至。

在当时的社会上，逐渐兴起了由普通贵族或平民中的有识之士创立私学的风气，个人也开始著书立说。出现了儒、道、墨等重要的思想流派，产生了孔子、老子、墨子等一大批著名思想家，开创了中国思想史上的崭新局面。春秋以来"礼崩乐坏"的社会变革，有力地改变了人们的思想观念，一场深刻持久的思想解放运动发生了。

当时的进步思想家首先提出了摆正"民"与"神"两者关系位置的问题。有见识的政治家、思想家普遍认为，在"民""神"关系中，民是主，神是次；民为本，神为末，主张在社会政治生活中重视民众，反对据神意行动。

进步思想家开始初步提出了"天人相分"的思想，

老子画像

管仲画像

从而为"重民轻天""重民轻神"观念寻找到了理论上的依据。

朴素辩证法思想也有了一些发展。以老子、晏婴、管仲等人为代表的思想家,已开始用朴素辩证法的观点来看待事物的因果关系和逻辑联系,从中探究事物运动的动因和条件。他们对原始的"阴阳"观念、"五行"思想进行了辩证的阐述和发挥,提出了一系列具有朴素辩证思想特征的哲学观点。这是中国古代思想发展史上具有里程碑意义的拓展。

当时,以"重民尚德、礼法并用"为主要内容的政治思想有了长足进步。不少思想家以更现实的态度对君民关系重新进行认识,注重人事、关心民生成为当时政治思想发展中的主流,由此形成了初步的民本政治观念。

正是在这样一种社会、政治、军事、文化、思想的氛围中,孙武出生了。时代已经张开了巨臂,准备迎接一位杰出的军事家投入它的怀抱。

第二章
田家又添好儿郎

发达的齐国兵学传统

孙武出生在春秋时期的齐国。

说到齐国，那可是大大的有名。周武王伐纣灭商后，大封诸侯，让这些诸侯国作为藩篱拱卫周朝。大功臣吕尚被赐封于东夷势力强大且战略地位重要的东方，国号为齐。吕尚到了齐国后，针对当时齐国的特殊情况，推行了颇具特色的治国方针。

吕尚（姜太公）像

吕尚，姜姓，吕氏，名尚，字子牙，号飞熊，中国古代杰出政治家、军事家、韬略家。

其中主要的措施有四项：第一，对当地的土著东夷族采取"因其俗，简其礼"的政策，软化其反抗立场，稳定社会政治秩序。所谓的"因其俗，简其礼"，就是顺应东夷人的传统文化、习俗，遵守东夷人的礼仪。第二，因地制宜，发展经济，尤其重视工商业的开拓。第三，在用人上，不计出身，唯才是举；不重名分，崇尚军功。第四，礼法并用，不拘泥于礼教，注重霸道与法术，造成礼法结合，道法一体，充分表现出一种重实效、尚时变的开放政治精神。

齐地的文化也为孙子及其兵学的诞生提供了良好的文化氛围。

首先，齐国的社会环境铸就了齐地民众的独特资性。足智、尚谋的地域文化传统，对于兵学理论的构建，是一种文化上的推动。另外，齐人阔达、舒缓的国民心理，反映到学术上，就是具有宽容精神。在与外界的接触中，齐人容易接受新思想新观念，并择善而从。这一点反映在孙子身上，表现为他迁居吴国后，同出身楚国贵族、深富韬略的伍子胥过从甚密，切磋学术，从而使自己增加了对南方军事文化的理解，扩大了视野。

其次，齐国顺应民俗、注重民生、讲求功利、并用礼法的社会大环境，使得在此基础上发展起来的齐国学术文化具有注重实用和兼容博取的两大特点。齐国的实用之学相当发达，兵学本是一门实用之学，所以孙子及其兵学的诞生，是与齐国注重实用的学术传统相一致的。齐国学术的又一特色是兼容博取。齐国学者善于将各家各派的思想融会而兼取,从而形成崭新的学术风貌。这种文化氛围为孙子兵学的诞生提供了适宜的温床。

通观《孙子兵法》,我们可以清楚地看到,孙武在注重实用理性的同时,也大量汲取兼汇了其他学派的思想内容。如他强调从政治的高度考虑军事问题,显然是以孔子为代表的儒学思想的渗透;而他提倡的"令之以文,齐之以武"的治军观,显然是对早期法家思想萌芽的一种汲取;他的朴素辩证法思想,显然与老子的学说不无瓜葛。

当然,齐国能够成为军事家的摇篮,更重要的因素在于它是一个军事大国,具有悠久深厚的兵学传统。

齐国的创始人吕尚,本身就是一位杰出的军事家。他曾先后辅弼周文王和周武王,完成伐纣灭商建立周的大业。姜太公重视军队和国防的建设,以此为立国之本,从而为齐国确立千余年的东方军事大国的地位,奠定了基础。

春秋前期,齐国曾作为著名的军事强国雄踞东方。管仲推行的军事改革,使得齐国的军事实力迅

儒家创始人孔子

"令之以文,齐之以武",指用文的手段即用政治道义教育士卒,用武的方法即用军纪来统一步调。

速增强，齐桓公也凭借着这种军事优势一跃成为春秋时期的第一位霸主。

齐国军事大国的悠久历史，促成了兵学文化的高度发达。齐国创立者吕尚，就是齐国兵学的奠基人。后世兵家都尊吕尚为兵权谋略的祖师爷，齐国也实至名归地成为中国兵学的发祥地。

吕尚所初步确立的齐国兵学传统，到春秋战国时期，由于时代条件的变革而得以弘扬和光大。当时，著名的军事家在齐国大地上不断涌现，精彩博深的军事理论著作亦于此时应运而生了。如《管子》中的某些篇章以及《司马法》的主体内容就是在此期间出现的。它们可谓是春秋时期齐国兵学传统的主要载体。另外，据传是吕尚所撰的《六韬》一书的部分思想内容恐怕也多少源于这个时期。

军事世家田氏家族

孙武是齐国田氏贵族的后代。

齐国田氏家族的祖先，最早要追溯到陈国的公子完。当时，由于陈国内斗，陈完被迫出走齐国，在齐桓公手下担任"工正"这一基层官职，在齐国居住了下来。因为陈、田二字古时发音相近，陈完

孙子故里

便改姓田氏。此后，田氏家族在齐国扎下了根，绵绵延续。

孙武的先人中韬略出众、战功显赫的人物不少。他的曾祖父田无宇就很受齐庄公的宠信，官至"上大夫"。后来在齐国内部陈、鲍与栾、高的家族斗争中，这位田无宇曾率陈、鲍家族甲兵伏击对手，大败栾氏、高氏，表现出了突出的军事才能。

孙武的祖父田书也是一位颇有影响的名将，在齐国担任大夫一职。齐景公二十五年（公元前523年），齐国征伐莒国（今山东莒县，莒jǔ），田书不仅参加了，还独当一面执行作战任务，立下大功。齐景公把乐安（今山东惠民）封赐给他，作为他的食采之邑，并赐姓孙氏，以表彰其卓著功勋。孙武祖父所在的这支田氏，从此改姓孙氏。

略早于孙武的一代名将田穰苴（穰苴 ráng jū）也是田氏后裔。他具有优秀的军事才能，被晏婴誉

乐安孙氏谱序

田穰苴像

田穰苴，春秋时期齐国军事家，因功被封为大司马，故人们也称田穰苴为司马穰苴。

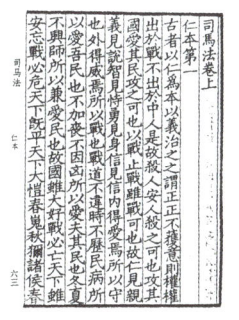

古代兵书《司马法》

为"文能附众，武能威敌"。田穰苴在军事理论方面造诣精深，颇有建树。他将自己统兵作战的经验整理成文，写出《司马穰苴兵法》（又称《司马法》）。在这部兵书中，田穰苴首次提到了"以仁为本""从严治军""避实就虚"等许多治兵、作战方略，这部兵书也是现存的最古老的军事思想著作。

军事世家的优越条件，对于孙武的成长和《孙子兵法》创作的意义不可低估。我们知道，家族内部专门学问的累代相传，在古代信息传播落后的环境里，乃是学问传授、文化建设的主要方式。我们通常把这种现象称作为"家学"。可见生长于军事世家这一得天独厚的条件，对于培养孙武潜心研究军事的兴趣，追求在军事领域中有所作为，都是难能可贵的理想条件。

自古英雄出少年

大约是在齐景公十二年（公元前536年）的某一天，齐国都城临淄（今山东淄博，淄zī）田凭家的深院大宅里，诞生了一个男婴，这个男婴就是日后成就殊世伟业，成为古今兵家之师的孙武。

田宅上下沉浸在一片欢乐之中，最高兴的当属田凭的父亲，也就是男婴的祖父田书。在庆祝男婴满月的喜宴上，田书抱起婴儿，喜不自禁，连声赞叹："好可爱的孙儿，爷爷我要你日后大有出息！"

田凭在旁边趁机进言："孩子今日满月，还请父亲惠赐佳名。"田书轻轻颔首，沉吟半晌，缓缓开口道："如今世事动荡不宁，田氏要想立足天下，必须以实力为后盾，这个实力实际上就是武力。这孩子日后紧系着我们家族的兴衰，在他身上寄托着我们的希望。所以我看，就取名为武吧。"

就这样，男婴有了一个响亮的名字——田武。

光阴荏苒，一晃十年过去了，田武也从浑噩无知的婴儿长成一个初谙人世的少年。同当时所有贵族子弟一样，他开始接受文化教育，在临淄的贵族子弟学校"庠序"（庠xiáng）中学习礼、乐、书、算等技艺。

可是田武最感兴趣的，还是听祖父和父亲讲述战争的故事。他总是缠着祖父给他讲牧野之战、城濮之战等历史，吕尚等人成了他心目中的英雄，戈戟并举的战争场面，兴亡盛衰的悲欢情景，让他幼小的心灵激动不已，浮想联翩。他渴望自己长大后

牧野之战是周族联军与商朝军队在今河南新乡附近的牧野进行的决战，最终商纣王帝辛兵败自焚，商朝灭亡。

> 城濮之战是公元前632年，晋、楚两国在卫国城濮（今山东鄄城西南）进行的争夺中原霸权的首次大战。晋文公为兑现当年流亡楚国时许下的"退避三舍"诺言，令晋军后退，以避开楚军锋芒。楚将子玉不顾楚成王告诫，率军冒进，被晋军歼灭两翼，楚军大败。

能成为一名勇敢超群、智谋出众的将军，在战场上叱咤风云，建功立业。这种童年的憧憬，对他日后选择人生道路产生了深远的影响。

大约在他十三岁那年，他的祖父受命随军征讨莒国。在祖父外出征战的这段时间里，田武整日关心着战争的进程，牵挂着祖父的安危。终于，捷报传到了临淄，田武心里的开心就不用提了。很快，大军凯旋进入都城临淄，当时的热闹场景，田武终生难忘。他祖父田书因为立有战功，受到人们的欢迎，获得齐景公以及朝臣们的极高礼遇，这一切令田武无比自豪，进一步增强了对戎马生涯的向往。

齐景公论功行赏，田书被赐姓孙氏。从此，田武改名孙武，开始了新的生活。

退避三舍

转眼间，孙武满了十五岁，到了该学习"六艺"中"射""御"两科军事技术的年龄。这正是孙武最感兴趣的科目，因此他的学习热情十分高涨，全身心投入其中，简直到了废寝忘食的地步。功夫不负有心人，孙武很好地掌握了"射""御"的技能，在同辈贵族少年中出类拔萃。

祖父孙书、父亲孙凭对孙武爱好军事的兴趣早就有所察觉。他们见孙武热衷于军事技能训练，甚感满意和快慰，认为这正符合他们的初衷。然而他们知道，掌握高超的"射""御"技能固然重要，可单凭这些并不足以成为大将之才。他们认为，要成为大将之才，最重要的条件是学习和掌握兵法韬略，要做到这一点，就必须认真学习相关的军事典籍，提高军事理论素养。幸运的是，军事世家的优越条件，使孙氏家族贮藏有大量的兵书战策。他们将这些典籍从书库中一一取出，嘱咐孙武由浅入深仔细阅读，认真领会。

孙武对长辈的良苦用心十分理解，何况他本来就立下志向要成为一代杰出将帅，所以在继续操练"射""御"技术的同时，孙武开始热切地攻读这些军事典籍，进步十分显著，在某些方面，他甚至超越了自己的祖父。

第三章
南下吴国，崭露头角

去齐奔吴，求展宏图

孙子画像

转眼间，孙武进入了弱冠之年。按照当时的通例，他有了自己的"字"——长卿。这时的孙武，已出落成一个英气勃勃、风流倜傥的青年才俊。多年来良好的家庭教育和贵族学校学习，使他具备了优秀的文化素质。他知识渊博，视野开阔，志向远大，技能出众，在同辈年轻人中渐渐崭露头角。

而孙武最精通也最让他本人引以为傲的，则是对军事理论知识的了解和掌握。自十五岁以来，数年间他一直潜心阅读军事典籍，对书中所阐述的军事原理及条文早已谙熟于心，出口成诵。同时在学习方法上,他避免了死记硬背、依样画葫芦的弊端,充分发扬独立思考的精神,善于用以往和现实战争的事例对书本理论知识进行比较印证,深化自己的认识,并不断得出自己独到的见解。

下一步应该干什么,这个问题自然而然摆到了青年孙武的面前,引起他深深的思考,并带给他些许的困惑。

祖父有采邑,自己作为长孙,日后的生活自然不存在什么问题。至于政治上的前途,凭着孙家与田氏之间的渊源,到时候捞个一官半职,也不会是一件太难的事。凭借家世,他满可以悠闲自得地度过一生。

> 采邑是古代国君封赐给卿大夫作为世禄的田邑,也叫"采地""封邑""食邑"等。

可是自己辛辛苦苦学到的军事知识该怎么办?自己引以为豪的文韬武略该如何淋漓尽致地施展?自己所怀抱的建功立业的理想追求何时能够实现?这一切都让孙武陷入了沉思。

孙武反复思考,感到自己的前途并不乐观。

首先,自祖父改姓孙另起门户之后,孙家与田氏的关系逐渐变得疏远起来。祖父孙书虽然政治地位不低,生活上也颇为优裕,然而却难以进入齐国的权力中心。他虽有一身军事才华,却再也没有机会获得军事上的委任,统兵征战,再建功勋。孙武日后纵然能够进入仕途,但恐怕也不能手握兵权,在军事领域中一酬壮志。

更令孙武困惑为难的是,当时齐国险恶诡谲的政治形势是否会给他带来不测之灾。齐景公统治之下的齐国,政治腐败,吏治黑暗,刑罚残酷,赋税沉重,统治者穷奢极欲,民不聊生。卿大夫们为了争权夺利无不处心积虑,铲除异己,他们之间既互相勾结,又互相倾轧,无休无止,造成政局的动荡。这中间,田、鲍、国、高、栾诸大族之间的矛盾尤为尖锐,他们纷纷培植自己的势力,扩充私属武装,玩弄权术。齐国正在酝酿着一场你死我活的大骚动、大搏斗,整个政治形势异乎寻常的险恶。

因而孙武萌发了远走他乡、另谋出路的念头。如果说一开始他还有些犹豫的话,田穰苴的猝死则让他下定了决心。

田穰苴也是田氏的支庶,与孙氏家族关系密切。他善于统兵作战,熟谙兵法,在军事理论方面有精深的造诣。在统军击退燕晋联军的进犯后,因功勋卓著被齐景公尊为"大司马"。可是"木秀于林,风必摧之",他很快遭到敌对阵营卿大夫——高、

> 支庶,宗法制度下嫡子以外的旁支。

国、鲍诸族的妒忌和陷害。他们向齐景公屡进谗言，诬陷田穰苴。齐景公听信之后解除了田穰苴的官职。被罢职的田穰苴从此郁郁寡欢，不久便离开了人世。

田穰苴的猝死让孙武彻底看清了齐国政坛的黑暗，知道自己再留在齐国也难有大的作为。最后，孙武下定决心离开齐国。

可是该奔向何方呢？

孙武仔细分析着各国的形势。前往晋国吧，那里的政局也不稳定，卿大夫互相倾轧，如同齐国一般，而且晋国人才济济，自己一个外来户，要想出人头地，实在太不容易。去楚国吧，那里国君昏庸，权贵把持政权，排斥英才，而且政局也潜伏着危机，贤臣伍奢被杀、伍子胥出走就是明证。去秦国吧，秦国各方面都比较落后，且偏居一隅，自己在那里恐怕难有作为。那么就近到鲁国去，也不成。那里最为守旧，重文轻武，而且权臣当道，自己去那里不是自讨没趣吗？至于宋、郑、卫等国家，更不是合适的去处了……

最后，孙武把目光投向了南方的吴国。

当时的吴国，是春秋晚期迅速崛起的南方强国，占据东部沿海、长江下游一带，东靠大海，南与越

吴王寿梦画像

国接壤，西和强楚为邻，北同齐、晋等国相望，地域辽阔，物产丰富，自寿梦（公元前585年—公元前561年在位）称王以来，联晋伐楚，国势渐盛，政治也较为清明，颇有新兴气象，正是有志之士发挥才能、建功立业的好去处。

终于，孙武做出了南下吴国的选择。

躬耕隐居，潜著兵书

一切准备停当后，孙武便把自己的考虑和计划向祖父和父亲如实禀报。

孙武的祖父和父亲对孙武的决定，并没感到太过意外。因为在那个时候，各诸侯国林立，贵族大夫离开自己的故国，到他国求官谋生，十分普遍。正所谓"良禽择木而栖"。

大约在公元前517年左右，20岁的孙武含泪告别家人朋友，千里迢迢，跋山涉水，栉风沐雨，辗转投奔吴国。

当双足踏上吴国大地之后，孙武冷静地筹划起今后的行动。反复思索之后，孙武决定暂时隐居起来，撰写兵书，同时冷静观察吴国的政治动向，等待着时机。

于是，孙武带着妻子辗转来到罗浮山的东麓，在那里安顿下来。

罗浮山位于今天浙江吴兴以南，距当时吴国都城姑苏（今江苏苏州）百余里。那里景色宜人，环境幽静，是躬耕隐居、撰著兵书的理想场所，同时又距离吴国政治中心不远，便于观察政局的发展动态。在这种良好的环境里，孙武的兵书写作欲非常强烈，精言妙语如同清泉一般从笔端源源涌出，酣畅淋漓，一发而不可收。他很快就写出了《孙子兵法》的初稿，共计十三篇，大约五千字。

兵书初稿完成之后，孙武心情十分愉快，对自己的军事才能也有了更强烈的自信，建功立业的渴望也越发迫切。可是由于他隐居遁世，人们对他根本就不了解，对他杰出的军事才华更是一无所知。在这种情况之下，孙武要想脱颖而出走向政坛，叱咤风云、扬名天下并不是一件容易的事情。

然而，一位隐居期间结识的朋友，给他的命运带来了转机。

这位朋友就是历史上同样大名鼎鼎的伍子胥。

伍子胥，名员，是楚国贵族之后。他的祖父伍举是楚国的重臣，曾侍奉楚庄王，颇受宠信；父亲

伍子胥像

孙武撰写《孙子兵法》

伍奢为楚平王之子太子建的老师。伍子胥自幼受到良好的家庭教育,青少年期间便声名鹊起,被誉为有"文治邦国,武定天下"之才。可是正当他准备在楚国政坛施展文武才华之时,却突然遭受了一场重大的政治变故:由于奸臣费无忌的诽谤谗害,他的父亲伍奢和兄长伍尚惨遭楚平王的残杀,他自己也被迫仓皇逃亡。

伍子胥怀着丧父失兄的痛苦和报仇雪恨的大志逃离故国,流落四方,最后来到吴国。他来到吴国的时间大约在公元前522年左右,比孙武自齐奔吴稍早几年。

伍子胥来到吴国后,投在吴王的哥哥公子光的门下。两人谈起天下大事，非常投缘。伍子胥觉察出公子光有刺杀吴王僚的图谋，就把自己所结识的勇士专诸推荐给了公子光，让其为公子光完成刺僚夺位的大事，自己则隐居在吴国都城西南百余里处，等待吴国政局的变化。

吴王僚

吴王僚，姬姓，吴氏，名僚，字州于，吴王夷末之子，春秋时期吴国国君，公元前526年—公元前515年在位。

伍子胥和孙武的隐居之处相距不远，两位同是从异国客居于此，均是血气方刚，年轻力壮，有理想，有抱负，又都学过军事，懂得兵略，因此两人一见如故，交谈非常投机，很快成为莫逆之交。伍子胥是一位杰出的军事家，他勇于策谋，韬略出众，并有军事著作传世。孙武在与他的交往过程中，领略到了楚国军事文化的风采和魅力，进一步开阔了自己的思路。

在与伍子胥交往过程中，孙武隐约觉察到吴国政坛已处于"山雨欲来风满楼"的前夕，一场大的变故正在酝酿之中，它不仅同伍子胥的前途息息相关，而且也和自己的命运紧密相连。因此，孙武和伍子胥一样，也在急切期待着行将发生的一切……

吴王求贤，进呈兵法

吴王夷末

说起吴国政局的动荡，还要追溯到吴王夷末（一作余昧）去世后的君位继承一事。

公元前527年，吴王夷末撒手西去，他的儿子僚登上了王位。可是吴王僚的堂兄公子光很不满意，他认为应该由自己来继承王位，于是便暗中招纳刺客，准备伺机刺杀僚成为吴王。

公子光是一位文武双全且富于心计的人，他隐藏自己的意图，暗中进行夺权的准备工作。他作战勇敢，战功显著，捞取了很大的政治资本，并骗得吴王僚的信任。通过伍子胥的推荐，他又网罗到专诸这样勇猛的刺客，只待时机成熟便要实施自己的既定计划。

机会终于来了。公元前515年四月初夏的一天，公子光预先埋伏好甲兵后，在客堂摆设酒席宴请吴王僚。吴王僚不疑有他，带少数精兵欣然前往。酒过三巡，伪装成厨师的勇士专诸奉命进献烤鱼。等接近吴王僚时，专诸突然掰开烤鱼，抽出事先放在鱼肚里的鱼肠剑猛刺吴王僚。吴王僚当场丧命。吴王僚被杀后，公子光如愿登上了国君宝座，号为吴

刺杀吴王僚

王阖闾（阖闾 hé lǘ），掀开了吴国历史新的一页。

阖闾是一位韬略过人、雄心勃勃的政治强人，他大权在握后，便着手为实现自己革新图强、争霸天下的政治抱负而不懈努力。在众多的革新图强措施之中，选贤任能、广致人才是关键所在。阖闾的英明，就在于他登基后始终把求贤任贤作为首要工作来抓，从而为整个称霸事业奠定了坚实的基础。

吴宫中传出了招贤纳才的信息，才俊之士自然

吴王阖闾

吴王阖闾，一作阖庐，姬姓，名光，又称公子光，吴王诸樊之子（《左传》《世本》作吴王夷末之子），春秋末期吴国君主，公元前514年—公元前496年在位。

伯嚭画像

热血沸腾，跃跃欲试。于是伍子胥挥手作别隐居生活，进入吴宫，出任"行人"（掌管朝觐和外交等事务）一职，与阖闾共谋兴国大计，充当了吴王最重要的辅弼，为振兴和发展吴国做出重要贡献，也为实现个人价值打通了广阔的道路。除伍子胥以外，楚国另一位亡臣伯嚭（pǐ）和宋国的华元也先后投奔阖闾，成为吴国的重臣。

看到这么多人才投奔自己，吴王阖闾内心的欢愉自不用说。然而，当时吴国正值自身发展的重要关头，军事形势甚为严峻，西有强楚的抗衡，南有越国的掣肘，还要创造条件北上中原，与齐、晋等国一争高下。所有这一切，都要求有杰出的军事人才辅佐吴王阖闾，完成吴国争霸天下的宏伟大业。阖闾举目望去，伯嚭、华元诸人偏于文事，让他们号令三军、领军打仗多少有些勉为其难。伍子胥固然是领兵之才，可他与楚王之间有杀父之仇，万一届时为报私仇而一泄愤恨，会误了吴国的大事，所以也不是最理想的统帅人选。

阖闾的焦虑，很快就在日常行为中流露了出来。伍子胥觉察出了阖闾的内心活动。是啊，吴国目前的要务是东征西讨，建立霸权，任命大将事不宜迟，刻不容缓，可是吴王并没有委任我伍子胥为将的意向，看来他对我是有所顾虑的。其实，好友孙武才是真正的大将人选，他一定能在军事上辅佐吴王，帮助主公建立殊世伟业。

深思熟虑之后，伍子胥向阖闾郑重推荐孙武。可是孙武自从来到吴国后，一直在罗浮山一带躬耕隐居，潜著兵书，吴王阖闾根本就没听说过这个名字，以为伍子胥的这番举荐，多半是为了呼朋引类，在朝中树立自己的羽翼，因而不但不以为然，反而在内心闪过一丝不快。

伍子胥见阖闾对自己的举荐建议反应冷淡，心情不免有些沮丧。然而，出于对孙武的深刻了解和对吴王事业的赤诚忠心，他还是鼓起勇气，借同阖闾论兵之机，反复举荐孙武，盛赞孙武是不可多得的军事人才。

阖闾见伍子胥锲而不舍地举荐孙武，心中有些好奇，想知道能够获得伍子胥如此器重赏识的孙武到底是何许人物。伍子胥就将孙武的来历、才干和抱负详细向阖闾做了介绍。

阖闾听说孙武已经著成一部兵书，而且不乏精辟见解时，内心对这位尚未谋面的年轻人倒生出相当的钦佩了。于是他告诉伍子胥："您所荐举的孙武，出自将门之后，又著有兵书，看来的确不简单，寡人有意继续了解情况。如果一切属实，自当委以重任。现在劳烦先生派人去罗浮山请来孙武，让他暂居都城馆舍，并将其所著兵书送呈寡人一阅。"

接到伍子胥信函的孙武激动万分。经过长时间的冷静观察，他早已认定阖闾是位贤明英武的君主，是自己可以效力的理想对象。于是，他匆忙检点整理一番，便随同来人奔赴都城姑苏方向。

很快，孙武便来到了吴国都城见到了伍子胥。伍子胥带着孙武所著兵法十三篇去吴宫觐见阖闾。

伍子胥向阖闾通报了孙武到达的消息，并将兵法十三篇呈上。阖闾每看罢一篇，心中就暗自赞叹其思想之深刻，战术之精妙，口里情不自禁地啧啧称好，大有相读恨晚之感。

阖闾一口气读完十三篇五千余言，意犹未尽。此时他已初步认定伍子胥举人得宜，觉得这位孙武果真颇不简单，或许正是自己梦寐以求的统帅人才。可是他心头还存有一点疑虑：这兵法讲得头头是道，但真的完全适用于实战吗？他决定在重用孙武之前，再考查一番……

沉思片刻后，他吩咐伍子胥："三日之后，寡人去馆舍见见孙先生，至于其他事情，待寡人见过他后再说。"

吴宫教战，初试牛刀

三天时间很快过去了，吴王阖闾在左右的簇拥下，来到孙武下榻的馆舍。

宾主互道寒暄后分别就座，阖闾仔细打量着面前这位青年人，只见他英气勃勃，从容大方，镇定自若，有着出众的干练和成熟。阖闾心头不觉平添了几分喜悦，于是便望着孙武缓缓开口道："先生的兵法十三篇，我已全部看过了。我自己对兵法是十分喜好，很有兴趣的……"说到这里，阖闾停顿了一下，脸上闪过一丝不易觉察的微笑，接着又说："我倒很想用兵法来做些游戏，不知先生意下如何？"

孙武听出了阖闾这番话当中的调侃意味，当即严肃地指出："兵法之事，非同寻常，它直接关系到人民的利害安危，既不能把它看作是单纯的个人好恶，更不能以顽童嬉戏的态度去对待。如果君王您仅仅以喜好或嬉乐的目的来谈论兵法，那我是无法对答的，还请您原谅。"

孙武这话说得义正词严，掷地有声，阖闾听了不禁有些动容，答道："寡人不理解兵法的奥妙精华，还请先生教我。先生的兵法固然写得精彩动人，有条有理，但是否能够小试一下，指挥队伍呢？"

孙武知道吴王对自己还有些不信任，见吴王提出用兵法练兵的要求，想着正好可以用实际行动打消吴王的疑虑，于是朗声回道："当然可以，怎么试都成，完全随君王您自己的意。用什么样的人来试均无关系，不论是高贵的还是低贱的，也不论是男的还是女的，只要用兵法一勒束一训练，便可做到令行禁止，上阵杀敌……"

阖闾听到这里，对孙武说道："先生既然说得如此有把握，寡人倒愿意请您把兵法先在妇女身上操演一下。"

当天下午，孙武来到吴宫的苑囿之中，阖闾早已在那里等候。见孙武到了，阖闾当即下令唤出事先选定的宫中美女一百八十人交给孙武进行操演。

孙武把这一百八十名千娇百媚的宫女分为左右二队，命令她们各持长长的画戟，并指定阖闾最宠爱的两位美姬担任左右队长。同时他还按兵法规定的程序，委派自己的驾车人和陪乘者分别为司马和司空，一起监督宫女练兵，负责执行军法。

安排就绪后，孙武气宇轩昂地登上指挥台，向众宫女认真宣讲操练的要领。他目光炯炯，朗声向宫女们发问道："你们都知道自己的前心、左右手和后背吗？"众宫女觉得这个年轻人问得滑稽，一个人哪里会分辨不清自己的前心、左右手、后背呢？简直可笑，于是就懒洋洋地回答："知——道。"孙武望见宫女们心不在焉的样子，不禁有些生气，可还是按捺住性子继续宣讲下去："向前，就看心所对的方向；向左，看左手方向；向右，看右手方向；向后，转朝背的方向。一切行动，都以鼓声为准。大家都听明白了没有？"宫女们这次回答倒干脆："听明白了！"孙武宣讲完毕，即命令手下扛来执法用的斧钺，把它竖立在练兵场的一侧，并反复申明军法："凡发令而不听从者诛。"一切准备妥当后，孙武便上前向阖闾请示。阖闾当即表示："请先生开始操演……"

孙武于是大声宣布演练开始，擂击鼙鼓，命令这些特殊"士卒"向右行进。众宫女第一次经历这样的场面，听到"咚咚"鼓声，只觉得有趣好玩儿，一个个笑得东倒西歪，不能自持。孙武见状，紧锁眉

斧钺，由于其杀伤力不如戈矛，在春秋时期实战中的地位已大大降低，多用于仪仗、装饰之需，作为军权和国家统治权的象征。

吴宫教战情形

头,摇头叹息,待喧哗声稍止,乃自我责备说:"我规定得不够明确,你们对约令不够熟悉,这是我的过错。"说罢,又将军法军令和操练的要领,仔细交代数遍。尔后便操槌击鼓,指挥宫女向左方前进。可是那些宫女依旧不听从命令,还是捧腹大笑不止,视操练如同儿戏。

面对眼前这种极不严肃、散漫纷乱的景象,这回孙武真的是怒不可遏了。他"两目忽张,声如骇虎,发上冲冠,项旁绝缨",大声命令执法官:"取斧钺!"斧钺是军法的象征,这意味着孙武要执行军法了。然后他严厉地说:"规定不明确,交代不清楚,那是我为将者的责任。现在军纪军法已宣布明白,科目内容又三令五申,这种情况下仍然不执行命令,那就是下级士官的罪过了。"接着,他回头问执法官:"按照军法,不服从军令该当何罪?"

"斩首!"执法官毫不含糊地回答。

"那好!兵法上说,赏善从贱人开始,罚恶从贵人开始,就把左右两位队长斩首示众!"孙武斩钉截铁地下达了命令。

孙武话音刚落,执法人员就上前拖出担任左右队长的吴王美姬,准备施法。宫女们见孙武动了真格,顿时花容失色,噤若寒蝉,两位队长更是浑身颤抖,魂飞魄散。

吴王阖闾见孙武要斩他的两个美姬,大为惊骇,再也坐不住了。他急忙派使者传令孙武,要求刀下留人:"寡人已经知道将军善于用兵了。没有这两个美姬伺候,寡人就会食不甘味,寝不安席,请将军收回成命!"

孙武见阖闾求情,不禁稍感踌躇,可是他坚毅的性格终于使自己排除思想顾虑,朗声回复使者:"臣既然已受命为将,将在军,君命有所不受!"说罢,他转身命令执法官:"开斩!"

斧钺高高举起又沉沉落下,吴王两位宠姬身首异处,香消玉殒。阖闾不忍心眼看着自己宠爱的美姬被处死,又不好发作,一气之下拂袖而去。

孙武将阖闾的两名美姬枭首示众之后,又指令两队的排头充当队长,并亲自擂鼓发令,继续进行演练。宫女们已见识了孙武的厉害,哪里还敢再放肆,个个如同换了个人一样,认真进行操练。鼓声令左,就一齐向左,鼓声令右,就一齐向右,前后左右,进退回旋,跪伏起卧,所有动作都合乎规矩。偌大一个练兵场上,除了整齐的步伐和统一的动作之外，再也听不到嬉笑喧哗的声音，看不到左顾右盼的情景。一百多个风姿绰约的年轻宫女，俨然成了一支训练有素的钢铁队伍，孙武主持的军事操练完全达到了预期的目的。

于是，孙武派人禀报阖闾说："队伍已经训练好了，请君王前去检阅。这样的军队，君王愿意怎么支配都行，就是让她们去赴汤蹈火，也是不成任何问题的！"阖闾此刻正气不打一处来，听了使者的禀报，没好气地回答："请孙将军回馆舍休息，寡人不愿再去看了。"想到自己的初衷落得如此结果，阖闾的那个懊恼劲儿可甭提了！

孙武听了回话，淡然一笑，说："君王只是爱好兵书上的词句罢了，并不想真正去施行。"然后遣散宫女，自己乘车返回馆舍。

登坛拜将，共襄霸业

在演兵场上失去了两名美姬的吴王阖闾，回到寝宫后仍然余怒未消。他心里十分恼怒孙武做事过分顶真，毫无通融的余地，真想派人传令让孙武卷起铺盖滚蛋。可是一想到孙武的确是个难得的将才，千军易得，一将难求，自己要实现争霸天下的夙愿，少不了孙武这种人的辅佐，便又下不了逐客的决心。

正当阖闾为孙武的去留问题颇费踌躇、沉吟不决之时，伍子胥入宫觐见。

伍子胥见阖闾闷闷不乐，知道他还在为那天练兵场上发生的事情生闷气，于是便以温和的语调，沉着诚恳的态度向吴王进谏道："下臣我听说兵者凶事，不可以掉以轻心。所以在治军上，军纪军法不严肃执行，就不能造就一支强大的军队。如今大王您正渴求贤明之将为己所用，希望借此大兴王师，征伐暴楚，进而称霸天下，使众诸侯俯首归附。在这种情况下，不起用孙武为将还有更合适的人选吗？那时若要想远涉淮泗，征战千里，也不免是一厢情愿而已。"

阖闾毕竟是位英明的君主，不甘心碌碌无为，想要实现自己的志向，所以一经伍子胥的点拨，头脑立即清醒了，终于没有让感情蒙蔽住自己的理智，而是怀着对孙武将才的器重和赏识，亲自去孙武下榻之处挽留这位旷世之将。

就这样，孙武和阖闾在馆舍再度见面。经历了吴宫教战的周折，这次会面的气氛显得郑重和严肃。阖闾打消了对孙武才能的怀疑，而孙武也为阖闾宽

> 淮泗，淮河和泗水。淮，淮河；泗，sì，泗水，位于山东省中部，淮河下游第一大支流，常同淮河一块儿连称淮泗。

孙武拜见吴王

容豁达的襟怀所折服，打算衔命以报答知遇之恩。

孙武向阖闾申述了当日杀姬的缘由："令行禁止，赏罚分明，这是兵家的常法，为将治军整众的通则。用兵莫贵于威严，威行于众，严行于吏，只有三军遵纪守法，听从号令，才能克敌制胜。"阖闾原本就有挽留任用孙武之意，听了他的这番话，觉得很是在理，便最终下定决心，任命他为吴国的将军。

在孙武、伍子胥等人的辅佐治理下，吴国的内政、外交和军事都大有起色。吴王阖闾极为倚重孙、伍两人，把他们视作左膀右臂，经常一起谋划治国治军的大计，议论古来帝王治国平天下的经验教训，分析当时各诸侯国政事的利弊得失。

有一次，阖闾情绪很高，同孙武谈论起治军之道。孙武根据自己对史实的广博了解和深刻见识侃

黄帝画像

侃而谈，向阖闾介绍了黄帝征伐赤帝的历史经验，并发表自己的看法："在远古的时候，黄帝坐镇中央，雄踞要津，当时四方首领作恶肆虐，为害天下。黄帝决心拯民于水火，治天下于太平。他先是与民休息，广积粮谷，赦免罪犯，在取得了天时、地利、人和三方面的优势之后，才大兴义师。他南伐赤帝，东伐青帝，北伐黑帝，西伐白帝，终于先后将他们击败，使得四方拥戴，天下归心。后来，商汤顺从民心，伐灭夏桀，据有九州；周武王吊民伐罪，铲除商纣，四海归一。这一帝二王，全都是既得天之道、地之利，又得民之情，才无往而不胜的，实为后世君主所垂鉴仿效的典范。"阖闾听了深以为然，从中受到治军平定天下的不少教益。

还有一次，吴王阖闾兴致勃勃，同孙武讨论起治国之道。交谈之中，他们说到了中原霸主晋国的政事。阖闾很想知道孙武的政治识见，便询问道："晋国的大权实际上为范、中行、智、韩、魏、赵六家世卿所掌握，他们各自掌管晋国的一块地方，相互争权夺利。依将军之见，长此以往，六卿之中谁先败亡，而哪个家族能够强盛起来？"

孙武根据自己对春秋大势的观察和对历史经验

孙武问对

的分析研究，提出了预测判断："六卿之中，范氏、中行氏两家会最先败亡。"

阖闾对此很感兴趣，随即追问道："将军您根据什么做出这样的判断？"

孙武从容回答说："这是根据他们亩制的大小，收取租赋的多少以及士卒的多寡、官吏的贪廉等情况做出的判断。就范、中行两氏而言，他们以八十步为畹（wǎn，古代地积单位），以一百六十步为亩。六卿之中，就数这两家的亩制最小，收取的租税却最重，高达十分抽五。公家赋敛无度，民众转死沟壑，官吏众多而又骄奢，军队庞大而又屡屡兴兵，长此以往，何以能堪，必然众叛亲离，土崩瓦解。"

阖闾听闻此言，觉得切中要害，甚有道理，于是更来了精神，接着问道："范氏、中行氏败亡之后，厄运又该轮到哪家头上呢？"

孙武缓缓回答说："根据同样的道理推论，下一个就要轮到智氏了。因为智氏的亩制，只比范氏、中行氏的亩制稍大一些，以九十步为畹，以一百八十步为亩，租税同样苛重，也是十抽其五。智氏与范氏、中行氏的病根几乎完全一样：亩小，税重，公家富有，人民困穷，吏众兵多，主骄臣奢，又好大喜功，穷兵黩武，结果只能是重蹈范氏、中行氏的覆辙。"

阖闾借着一股子打破砂锅问到底的劲头，继续发问："智氏败亡之后，下一个倒霉的该是谁了？"

孙武不慌不忙，沉着应对："那恐怕就该轮到韩、魏两家了。这两家以一百步为畹，两百步为亩，税率还是十分抽五。其病根依然是亩小，税重，公家聚敛，民众贫困，官兵众多，急功近利。只是因为其亩制稍大，人民负担相对稍轻，所以能多苟延残喘一段时间，亡在三家之后。"

不等吴王继续发问，孙武接着论述道："至于赵氏家族的情况，则与上述五家大不一样。六卿之中，赵氏的亩制最大，以一百二十步为畹，二百四十步为亩。不仅如此，其征收租赋向来不过分。亩大，

韩赵魏灭智氏

税轻，公家取民有度，官兵数量寡少，在上者不致过分骄奢，在下者尚可温饱生存。苛政丧民，宽政得众，赵氏必然兴旺发达，晋国的政权最终要落入赵氏之手。"

孙武对于晋国六卿兴亡盛衰的分析论述，等于是给吴王阖闾上了治国安民的生动一课。阖闾听了之后，大为触动，深受启发，口中连声称善，并不胜感慨地说："看来王者的成功之道，就在于厚爱他的民众，不失人心啊！"

孙武对晋国政治大势的预测分析，虽然个别之处并不完全符合日后晋国历史的发展进程，但总的来说还是基本准确的。这表明，孙武不仅仅长于军事上的谋略和指挥，而且在政治上也具有远见卓识和深邃的洞察力。

孙武登坛拜将之后不久，吴国对楚国的战略决战，渐渐摆到吴国整个国家政治生活的议事日程上来了。孙武作为吴国的将军，自然要走到幕前，扮演起自己的角色……

第四章

西破强楚

吴楚间的恩怨纠葛

　　吴国建国的历史相当悠久,但自西周直至春秋前期,由于它地处东南一带,远离中原文化腹心,因此虽有一定程度的发展,疆域有所开拓,但总的来说,吴国在列国中并不显眼,影响也比较有限。然而,自春秋中叶起,随着社会生产力的发展,吴国在大国争霸的局势中逐渐崭露头角,成为当时迅速崛起的新兴国家。尤其是吴国第十九代君主寿梦即位后,虚心向周围和中原的先进国家学习,改良政治,发展经济,繁荣文化,扩大对外交往,加强军队建设,使吴国的力量大大增强。

吴国在迅速崛起过程中与其西边的强国楚国之间产生了尖锐的矛盾和冲突。当时楚国在中原争霸斗争中落于晋国的下风，不得已只好把兼并的锋芒指向相对较弱的近邻吴国，这样就势必引起吴国的不安和抵抗。而吴国为了进一步开疆拓土，也视楚国为自己前进道路上的最大障碍，两国之间兵戎相见自然成为双方关系中的主流。

晋国的介入，更使得吴楚之间本已十分紧张的局势一触即发。

晋国出于同楚国争霸斗争的需要，采纳从楚国逃往晋国的申公巫臣联吴制楚的建议，主动与吴国缔结战略同盟，让吴国从侧面打击楚国，以牵制楚国势力的北上。公元前584年，晋景公派申公巫臣出使吴国。晋国的使臣带着一项特殊的使命，那就是一步步实现晋国扶植吴国、借吴制楚的战略目标。日渐强大起来的吴国，也正需要寻找大国做自己的

晋景公画像

晋景公，姬姓，名獳，春秋时期晋国第二十六代君主，公元前599年—公元前581年在位。

春秋吴国战船

47

后台，以增加自己在列国角逐中的筹码。现在晋国主动找上门来，吴王喜不自禁，欣然接受了晋国的主张，坚决摆脱了对楚国的臣属关系，并同楚国争夺淮河流域，逐渐成为楚国的强劲对手、心腹之患。

申公巫臣出使吴国，还给吴国带来了中原地区先进的军事文化和战术，大大增强了吴国的军事实力。原本吴国地处南方多水地带，军事上以水战为主，陆战只有少量的步兵。申公巫臣给吴国带去兵车，并"教吴乘车，教之战阵"。这样一来，吴国开始拥有自己的车战兵团，兵种配置更加齐全，能够适应各种复杂的战场情况，从而逐渐抵消了楚国在兵种和战法上的固有优势。

自吴王寿梦开始，前后六十余年间，吴、楚两国互相攻战不已，爆发了十次较大规模的战争。总的趋势是楚国日遭削弱，国势颓落，吴国兵锋咄咄逼人，渐占上风。

可是就在吴国势力日益发展的情况下，楚国也参照晋国联吴制楚的做法，如法炮制，拉拢东方的越国从侧后威胁吴国。而北方齐、鲁诸国悍于吴国的坐大，也多有不安，因此从各方面对吴国施加压力。这样一来，吴国在战略上便处于三面受敌的局面。

孙武、伍子胥商议对策

吴国要在这样复杂的"国际"环境之中求得生存，谋取开拓，就必须在三个方面中选定一个首先进攻的方向，重点突破，带动其余，从而最终实现"西破强楚，北威齐晋，南服越人"，称霸中原的战略目标。孙武、伍子胥等人向吴王阖闾提出了首先集中力量打击楚国的建议，吴王阖闾欣然接受。

历史证明孙武等人的战略选择是正确的。

因为吴国如果首先发兵进攻北边的齐、鲁诸国，不但师出无名，而且没有必胜的把握。更何况就算取得一些胜利，也不能从中获得多少实际利益。因为吴国在当时诸侯的眼中，尚属于未曾十分开化的蛮邦。相反，齐、鲁则是立国悠久的"礼义"大国，在列国中威望很高，吴国想要进入中原列国的圈子，有赖于他们的认可和提携。所以吴国此时不能贸然先攻打齐、鲁诸国。

如果吴国此时先进攻南面的越国，这在军事上、政治上也不是最佳的选择。吴、越两国在人口、面积、国力等方面都相差不大，派去攻打越国的军队如果少了就不能必胜，多了则国内空虚，会给楚国提供可乘之机，使吴国两面受敌，陷于被动。

当时只有首先进攻西边的楚国，才是吴国唯一正确的选择。首先，楚国立国已久，地广兵众，位居上游。长期以来它兼并小国，争霸中原，亡吴之心不死，是吴国最大的心腹之患。其次，楚国当时面临的困难形势为吴国伐楚提供了千载难逢的大好时机。当时的楚国，民众疲惫困顿，财力空虚匮乏，奸佞当道乱政，国君昏庸无能，君臣离心离德，局势动荡不安，政治日趋腐败，矛盾复杂尖锐，社会秩序混乱，外交陷于孤立，军令不能统一。再者，从当时的"国际"形势来看，吴国攻楚在外交上也能够处于有利的地位。晋国的积极支持自不必说，齐、鲁诸国虽然忌惮吴国的兴起，但更畏惧和愤恨楚国，所以将基本保持中立。至于越国，虽为吴国宿敌，但此时的整体实力要略逊于吴国，尚没有力量主动向吴国进犯。

由此可见，这个时候，首先进攻楚国正是大好时机。孙武等人能够透过各种表面现象看到问题的本质，在错综复杂的情况中及时、准确地抓住主要矛盾，这正是他们高瞻远瞩、具有卓越军事战略思想的突出体现。

剪除楚国羽翼

虽说吴国在对楚国的长期战争中逐渐占据主动地位，但是就两国整体实力而言，楚国对吴国还是具有一定的优势。首先，楚国拥有一支相当规模且实战经验丰富的军队，数量达20万人之多，兵种齐全，装备先进精良，有"楚之为兵，天下强敌"之誉。其次，被孙武等人视作攻取目标的楚都郢（yǐng）城，雄伟坚固，易守难攻。第三，吴国若要兴兵伐楚，攻打郢城，就必须深入楚国腹地，行师千里，而"劳师袭远"历来就是兵家之大忌。吴军只有数万之众，要顺利完成既定战略计划，更是难上加难。

孙武对这种战略态势洞若观火。所以公元前512年，他初为吴军之将时，就针对阖闾在急于求成的心态驱使下提出立即大举发兵攻楚的打算加以谏阻："民劳，未可，待之。"要求阖闾沉着冷静，等待时机，以图后举。

不过孙武等人并未消极等待。他们积极运用谋略，主动创造条件，完成敌我优劣态势的转换。剪楚羽翼，捕捉战机，积小胜为大胜，疲楚误楚，创造从根本上打垮和削弱楚国的条件，就是孙武等人

郢，春秋时期楚国都城，今湖北荆州。

在柏举之战展开之前所从事的主要工作。

剪楚羽翼,这是孙武等人在这方面的第一步妙招儿。原在吴王僚时伐楚的掩余、烛庸二公子,为王僚的同母胞弟。因吴王僚被弑身亡,他们被迫逃亡。公子掩余投奔徐国(今安徽泗县北),公子烛庸投奔钟吾国(今江苏宿迁东北)。公元前512年,阖闾为清除吴王僚的残余势力,要求徐国和钟吾国交出两位公子。但两国自恃有楚国做靠山,拒不交人,而且资助两位公子,让他们直接去投靠楚国,寻求庇护。阖闾闻讯后怒不可遏,率兵征伐这两个小国。战斗进行得很顺利,吴军先是攻占了钟吾国,尔后又进兵徐国,灭掉了徐国。徐和钟吾两国虽小,但战略地位却比较重要,如今吴军一举灭之,就为自己进而伐楚扫清了障碍。

主动出击,攻伐楚国,削弱楚军的实力,这是孙武为实施破楚入郢战略计划全局上的第二招儿妙子。吴军数量寡少,在对楚较量中不能消极等待对手来进攻,而宜先发制人,主动出击,积小胜为大胜,不断削弱楚军的实力。所以,任将之后,孙武主动发起对楚国较小规模的攻势,蚕食楚国地盘,消灭楚军有生力量。

他出任吴将的当年，即随同吴王阖闾率兵伐楚，攻克楚的属国舒（今安徽庐江西）。次年，孙武又独立指挥新编三军对楚国发起进攻，攻克养城（今河南沈丘东南），擒杀了盘踞在那里的掩余和烛庸两公子。公元前508年，孙武的"伐交"策略为阖闾所采纳，于是就策动桐国（今安徽桐城北）背叛楚国。然后又指使舒鸠（今安徽舒城）引诱楚师出击，楚国果真中计，派遣令尹囊瓦率师东征，屯驻于豫章。孙武见楚军入彀（gòu），便采取"兵者诡道""攻其无备，出其不意"的谋略，指挥吴军发起突然攻击，大破楚

囊瓦画像

军于豫章,并趁机攻克巢地。

吴军的主动出击,掠地杀将,沉重打击了楚军的士气,很好地贯彻了孙武等人积小胜为大胜的战略意图,是日后破楚入郢之战顺利进行的必要前提。

轮番出师,疲楚误楚,这是孙武等人为最终发动入郢之役、大胜克楚战略决战创造时机的关键一招儿。伍子胥针对当时楚国军队人数众多,但军令不一导致机动性较差的实际情况,创造性地向阖闾提出"疲楚误楚"的策略方针:"楚昭王年纪尚幼,无力控制政局。楚国当政者多而不一,乖张不和,政出多门,没有一

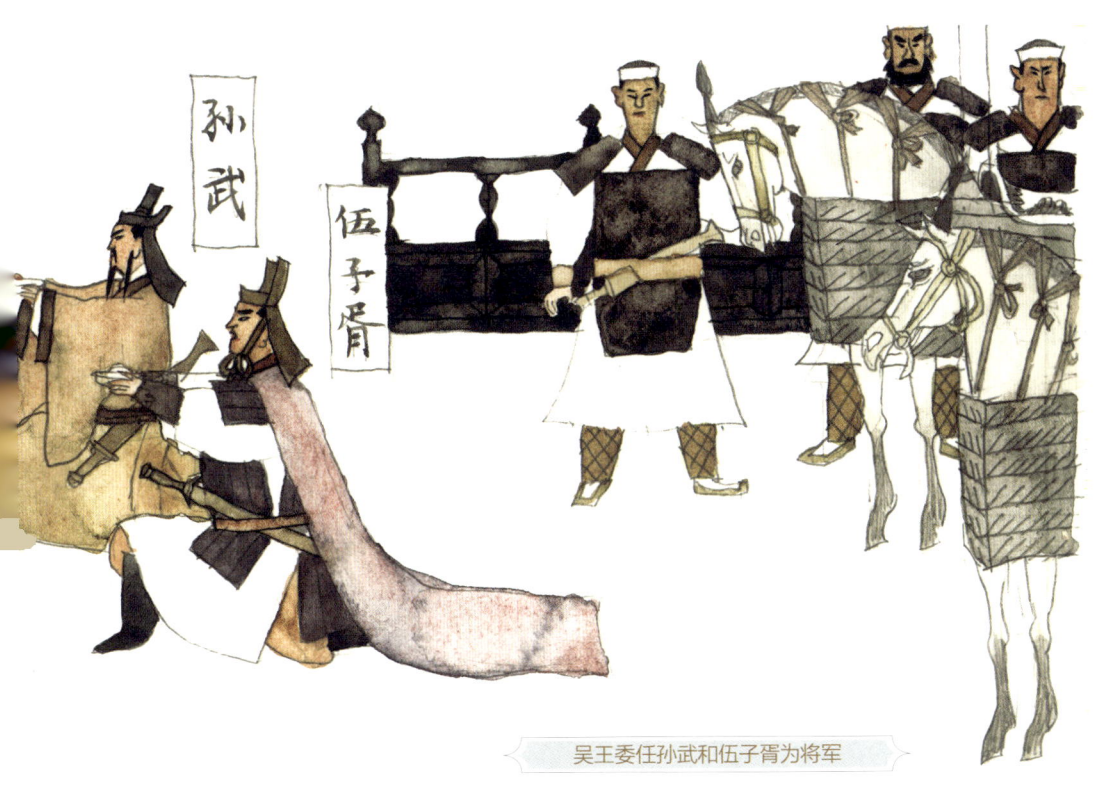

吴王委任孙武和伍子胥为将军

个人能够承担楚国的忧患。如果将吴军编为三支部队轮番骚扰楚国，只要出动一支部队就能将楚军全部吸引出来。当楚军一出动，我军就退回，楚军若退回，我军再出动，必然使楚军疲于奔命。这样不断地骚扰楚军，疲惫楚军，多方调动楚军，使敌人在判断和指挥上都发生失误，然后再出动三军主力攻打，必定能够聚歼楚军，大获全胜！"要旨是分吴军为三支，轮番出击，骚扰楚军，麻痹敌手，创造战机，制敌于死地。

"疲楚误楚"之计出自伍子胥之口，但是它显然是受孙武军事思想影响的产物，明显有着孙武"迂直之计""先为不可胜，而待敌之可胜"等军事原则的烙印。

在"疲楚误楚"的策略方针指引下，六年间，吴军袭击了楚国的很多重地，使得楚军疲于奔命。同时，吴军这种浅尝辄止、不作决战的做法，也给楚军造成错觉，误以为吴军的行动仅仅是"骚扰"而已，放松了警惕，到头来终于栽了大跟头。

柏举决战

公元前506年，给楚国以致命一击的时机终于来临。这一年的秋天，楚国出动大军围攻蔡国。蔡

> 唐国,春秋时期诸侯国,今湖北随州、枣阳一带,公元前506年为楚所灭。

国危急,向吴国恳求救援,而此时,唐国的国君也因不满楚国的不断侵凌勒索,主动遣使与吴国修好,要求协助吴国共抗强楚。唐、蔡两国虽然是兵寡将微的蕞(zuì)尔小国,但位居楚国的北部侧背,战略地位相当重要。吴国通过和它们结盟,可以实施其避开楚国重兵把守的正面,进行战略大迂回,大举突袭、直捣腹心的作战计划了。这一点,孙武早已看得清清楚楚,曾经向阖闾指出:"王欲大伐楚,必得唐、蔡之助而后可。"如今唐、蔡两国主动找上门来,吴王自然是求之不得,于是立即应允,准备出兵。

这一年冬天,吴王阖闾亲征。他委任孙武、伍子胥、伯嚭等人为将军,胞弟夫概为前敌先锋,倾全国兵力水陆三万余人,并联合唐、蔡二国,趁楚国连年征战极度疲惫、东北部防御空虚薄弱之隙,进行深远的战略奇袭,从而正式揭开了自商周以来规模最大、战场最广、战线最长的柏举之战的帷幕。

战争伊始,吴军遵循孙武"攻其无备,出其不意"的作战指导思想,"以迂为直"实施大规模战略迂回。吴军溯淮水浩荡西进,进抵淮汭(今安徽凤台附近,一说今河南潢川西北)后舍舟登陆,在阖闾、孙武等人指挥下,以劲卒三千五百人为前锋,并得到唐、蔡两国军队的配合导引,兵不血刃,迅捷神速地通过楚国北部的大隧、直辕、冥阨三关险隘(均在今河南信阳一带),穿插挺进到汉水的东岸,占有了战略上的主动先机之利。

楚国方面闻报吴军大举来袭,大为惊诧,只好仓促应战。楚昭王赶忙派遣令尹囊瓦、左司马沈尹戌、大夫武城黑、大夫史皇等人统率楚军,昼夜兼程奔赴至汉水西岸进行防御,两军隔着汉水互相对峙。

楚昭王画像

楚军之中,左司马沈尹戌是一位头脑冷静、深富韬略的优秀军事将领。他针对吴军的作战特点,向统帅囊瓦提出如下的建议:由囊瓦统率楚军主力沿汉水西岸阻击吴军的进攻,从正面牵制吸引吴军;而由他本人北上方城(今河南方城),征集那里的楚军机动部队,迂回到吴军的侧后,毁坏吴军的舟楫,阻塞三关要隘,以切断吴军的归路;而后再与囊瓦所率的主力实施前后夹击,一举消灭远道而来的吴军。

沈尹戌画像

囊瓦起初同意了沈尹戌的建议,可是楚军内部军令不一、矛盾重重的痼疾却最终使他走上了失败之路。待沈尹戌奔赴方城不久,囊瓦便出于贪立战功的心理,听从了大夫武城黑和大夫史皇的挑拨怂恿,擅自改变了自己与沈尹戌商定的正面相持、断敌归路、侧翼包抄、前后夹击的正确作战方针，采取冒进速战的做法，不待沈尹戍完成迂回包抄行动，即率军仓促渡过汉水，进击吴军。

阖闾、孙武见楚军主动出击，大喜过望，遂采取了后退疲敌、寻机决战的方针，主动由汉水东岸后撤。昏聩无能的囊瓦果然中计，误以为吴军怯战，于是步步进逼，尾随吴军而来。自小别（今湖北汉川东北）至大别（今湖北境内大别山脉）间，楚军连续与吴军进行小规模交锋，可是结果总是失利，丝毫占不到什么便宜，由此造成士气低落，部队疲惫。

孙武等人见楚军已陷入完全被动的困境，当机立断，决定同楚军进行战略决战。十一月十九日，阖闾、孙武等人指挥吴军在柏举地区（今湖北汉川北，一说今湖北麻城）布列阵势，迎战楚军。

阖闾之弟夫概认为囊瓦素来不得人心，楚军上下无死战求胜之志，因此建议吴军立即主动发起攻击。他指出，只要吴军一进攻，楚军就必然会陷入混乱，很快崩溃。届时己方再以主力投入战斗，必能大获全胜。然而阖闾等人出于谨慎的考虑，否决了夫概的意见。夫概不愿放弃这一胜敌的良机，便凭借一腔血气率领自己所部的五千余众奋勇进攻囊瓦的部队。楚军

孙武在战场上的英勇表现

果然一触即溃，阵势大乱。阖闾、孙武等人见夫概部突击成功，于是趁机将吴军主力投入交战，扩大战果，大胜楚军。囊瓦在吴军的沉重打击面前丧魂失魄，弃残军于不顾，仓皇逃奔郑国，史皇战死沙场。吴军取得了柏举会战的决定性胜利。

楚军在遭受重创之后狼狈向西南方向溃逃。孙武等人指挥吴军及时实施战略追击，尾随不舍，终于在柏举西南的清发水（即涢水，今湖北安陆西）追上楚军，吴军"因敌制胜"，采用"半济而击"的战法，再度给渡河逃命之中的楚军以极其沉重的打击。而后，吴军继续乘胜追击，至雍澨（今湖北京山西南）追上正在埋锅做饭的楚军残兵败将，痛加聚歼，并在那里与由息地（今河南息县西南）回救的楚军沈尹戌部相遭遇。两军相遇勇者胜，经过一场激烈的拼杀，楚军又被孙武等人所指挥的吴国劲旅彻底击溃，主将沈尹戌回天无力，伤重身亡。

至此，曾经不可一世的楚军全线崩溃，郢都完全暴露在吴军的面前。阖闾、孙武等人挥师挺进，势如破竹，五战五胜，长驱直入，兵锋直指郢都。楚昭王见大势尽去，只得出奔随国（今湖北随州）。孙武等人统率吴军一举攻陷郢都。

柏举之战是春秋晚期一次规模宏大、战法灵活、影响深远的大战。吴军在阖闾、孙武等人的指挥下，灵活机动，因敌用兵，以迂回奔袭、后退疲敌、寻机决战、深远追击等战法，一举战胜多年的敌手楚国，给长期称雄的楚国以十分沉重的打击，从而在很大程度上改变了春秋晚期的整个战略格局，为吴国的进一步崛起，进而争霸中原奠定了坚实的基础。

大胜后的遗憾

阖闾、孙武、伍子胥等人统率吴军浩浩荡荡开进楚都郢城，作为胜利者，他们的心态在此刻都发生了合乎逻辑的变化。

阖闾自然是踌躇满志，不可一世，他骄奢傲慢之心油然而生，而楚国国都的富庶繁华又让他滋生出各种欲望，必欲据之而心甘，加上长年在对楚征战中所形成的仇视憎恨楚人的阴暗心理，这一切诱导他在战争善后问题上做出极其错误的决策。

伍子胥呢，自己的父亲和兄长惨死在楚王的斧钺之下，而自己则被迫背井离乡，四处逃亡，历尽了人间的沧桑，尝遍了不幸的苦酒，家仇如山，身恨似海，让人日夜衔思，怒火填膺，唯求手刃仇人，报仇雪恨。如今苍天有眼，青山作证，自己终于以战胜者的身份踏上这片洒满泪血的土地，真让人百感交集，万般慨然。回想起当年的遭遇，不禁热血沸腾，怒火中烧，悠悠万事，唯此为大，这就是彻底复仇，一泄心头之恨。

至于孙武，历来鄙视旧兵书所提倡的"军礼"

> 以礼为固,以仁为胜,指以礼制为规范,军队就能巩固,用仁爱为宗旨,就能战胜敌人。

原则,什么"以礼为固,以仁为胜",在他眼里,乃是迂腐过时的教条。他所推崇的是"掠于饶野,三军足食",赞成在敌国抢掠,以战养战。所以他至少不反对阖闾、伍子胥的决策,也多少顺从并执行阖闾对战败国进行严惩的命令。可是,真理越过一步,就变成了谬误,孙武的头脑此时此刻也不怎么冷静了。

吴军最高统帅部就是在这种可怕偏激的心态下,开始其对郢都的占领管制的。他们带领吴军在郢都城内大肆烧杀抢掠,捣毁楚国的宗庙,将宗庙中能搬走的财宝洗劫一空,还砸毁了搬不走的楚国重器

伍子胥掘墓鞭尸

"九龙之钟",一把火烧掉了楚国的粮库"高府"。阖闾为了满足私欲,也为了羞辱楚国君臣,自己进入楚昭王的宫殿,将楚王后宫据为己有,尽情享乐。伍子胥还率兵掘开了楚平王的坟墓,鞭尸三百。

吴军大肆纵暴的丑恶行径,激起了楚国民众的极大愤慨。他们纷纷组织起来,强烈反抗吴军,决心将吴军逐出国土。吴军的暴行虽然不是孙武直接造成的,但他未做任何阻拦反对。这多少反映了他的历史局限性。

吴军的暴行,也给自身的"国际"形象带来了严重的损害。一些国家开始同情楚国的遭遇,向吴国施以政治、军事等方面的压力。在这样的背景之下,秦国的救兵进入楚境,与那里残存的楚军会师,随后对吴军发动猛烈的反攻。由于吴军此时已陷入政治、军事、外交上的被动,因此在交战中连连失利,损失惨重。孙武这时纵然有天大的本领,也无力回天了。这不能不说是他军事生涯中的一个悲剧。

政治、军事上的不利,也催化了吴军内部的矛盾。夫概因沂地之败而受到阖闾的痛责,一气之下潜回吴国,自立为吴王,与阖闾分庭抗礼。阖闾得悉后院起火的噩耗,忧心如焚,再也无心与秦楚联军恋战,匆匆忙忙带着一部分精锐之师先期赶返吴国。经过一场自相残杀，阖闾终于击败夫概，保住了国王的宝座。夫概穷途末路，逃奔到楚国以寻求庇护。

孙武、伍子胥等人率领部分吴军继续在楚地与秦楚联军对峙周旋，可是处境越来越不利。吴军军心涣散，补给不济，到了难以为继的地步。最终，吴军不得不撤离郢都，返回吴地。

吴军入据郢都，前后将近一年的时间。在这段时间里，吴军决策集团因胜而骄，屡犯错误，造成政治、外交、军事等方面的极大被动，终于在秦楚联军的反攻夹击下，被迫放弃郢都，退师本土。孙武作为吴军最高统帅部中的主要成员，对吴军入郢之后的种种失误，自然也应承担一定的责任。

事后，孙武也做过深刻的自我反省。这在其日后修改定稿的《孙子兵法》一书中多少留下了痕迹。《火攻篇》中有这样的一段文字："凡战胜攻取，而不修其功者，凶。"意思是说：凡是打了胜仗，攻取了土地城邑，而不能巩固胜利成果的，很危险。这很显然是孙武对于吴军破楚入郢之后，不能巩固胜利成果，导致失败这一教训的深刻检讨。

第五章 飘然高隐

戎马倥偬

吴军撤离郢都回国，无疑是孙武奋斗生涯中的一个挫折，可是他并没有因此意志消沉，丧失信心，而是继续为吴国的强盛不懈努力着。

楚国虽然凭借外援侥幸复国，可是毕竟元气大伤，短时间内无法对吴国构成重大的威胁了。摆在吴国君臣面前新的议题是，如何根据变化了的形势，制定新的战略进攻方针。吴国要谋求进一步的发展，就必须在南征越人和北抗齐、晋两个方向中做出正确的选择，区别主次轻重，循序渐进。

伍子胥是最坚定的南进派。他认为，齐、鲁等国对吴国来说，不过是"疥癣"之疾，不用畏惧，反对吴国首先用兵北方。反之，越国则是楚的盟国，长期以来同吴国对着干，兵锋咄咄，有亡吴之心，实乃吴国的心腹大患。吴国只有先彻底打垮越国，才能国基永固，霸业有成。

由于史料阙如，孙武在这场战略决策中的言行已无法详悉了。然而我们可以推论孙武和伍子胥一样，也是坚定的南进派人物。这是因为，第一，孙武是齐人，对故土的感情，使他很难忍心指挥吴军攻伐父母之邦。背吴不忠，攻齐不义，从私人角度出发，较好的选择自然只有南征越国一途。第二，从战略全局考虑，孙武也必然赞同伍子胥的观点。孙武同样认为越国是除楚国之外吴国的主要敌人。现存的《孙子兵法》中就流露了这方面的蛛丝马迹。在书中，孙武多处以越国为假设之敌，用以阐明自己的战略原则。由此可见，在破楚之后吴国战略主攻方向的决策中，孙武应当是站在伍子胥一边，力主南攻越国的。

阖闾及其继位者夫差实际上是北上派。他们见强楚已破，便滋生出引兵北进中原，与齐、晋等大国一争雌雄的"豪情壮志"。只是由于越国近在咫尺，并不时骚扰进犯，唯恐其乘虚袭吴，才不得已采纳了伍子胥的战略方针，先将主要矛头指向越国。可是，双方战略方针上的内在分歧并未真正化解，只是暂时掩盖了起来。

由此，吴越之间展开了长时间的战争。

阖闾自破楚之后，渐渐滋生出了贪求安逸享乐的思想。孙武虽然忧心忡忡，但也无计可施。

公元前496年，阖闾听说越王允常去世，其继承者勾践年轻新立，认为这是吴国进击越国的大好时机，便率领吴军御驾亲征。吴越两军在两国边界地区的槜李（今浙江嘉兴一带，槜zuì）爆发战斗，结果吴军惨败，阖闾本人也在战斗中身负重伤，不久便离世。

阖闾身亡之前，给太子夫差留下遗言，要求他不忘越人杀父之仇，立志雪恨。夫差继位后，遵循父亲的遗志，致力于发展军事力量，进行战争准备，以图一朝向越国讨还血债。

勾践听说夫差正"日夜勒兵"，知道吴国不会放过自己，便企图来一个先发制人，于公元前494年春天主动挑起对吴战争。两军相遇于夫椒（今江苏苏州西南太湖边），吴军在夫差、伍子胥、孙武等人指挥下，将越军打得丢盔弃甲、鬼哭狼嚎。越王勾践见大事不好，仓皇南逃。吴军穷追不舍。

> 勾践，姒姓，本名鸠浅，春秋末年越国国君，公元前497年—公元前465年在位。
>
> 夫差，姬姓，吴氏，春秋时期吴国末代国君，阖闾之子，公元前495年—公元前473年在位。

越王勾践剑

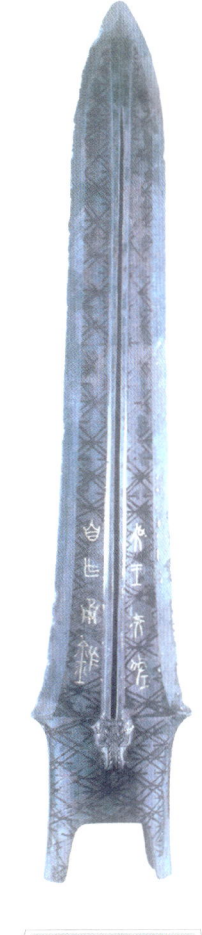

吴王夫差铜矛

越军在浙江（今钱塘江）边为吴军追上，勾践无奈，只好再摆开阵势，同吴军拼命。然而，在伍子胥、孙武等人的指挥下，吴军进退自如，攻势凌厉，越军根本不是对手，损兵折将，朝都城方向狼狈逃窜。

越军连战连败，士气全无。勾践自知已无力抵挡吴军的进剿，只好放弃平原地区，带了残剩的五千甲士，退守会稽（今浙江绍兴，kuài jī）山上的一个小城之中，企图依山凭险，固守抵抗。吴军乘势攻破越都，之后又进逼会稽山麓，将勾践栖居的小城团团包围。勾践走投无路，只得向吴国求和。夫差不听伍子胥等人趁机灭越的建议，同意媾和。夫椒之战画上了句号。

夫椒之战使越国遭受极其沉重的打击。此后，在相当长的一段时间内，吴国成了越国的宗主国，摆布着越国的一切事务。

经过多年苦心经营，吴国终于使世仇越国屈服归顺，在争霸事业上又迈上了一个新的台阶。孙武是出了大力的,所以司马迁将"南服越人"视为孙武生平中的一大功绩。当然,由于孙武奉行"进不求名,退不避罪"的处世原则,不宣扬声张自己的卓著功勋,以致众多史籍都没有对他在"南服越人"斗争中具体表现进行记载。

司马迁像

伍子胥之死

吴军在夫椒之战中大破越师,迫使越王勾践屈膝投降、俯首称臣,这是吴王夫差登基后在政治、军事方面的第一篇"杰作"。他有理由为自己的成就感到

勾践俯首称臣

自豪。可是对越战争的胜利,使得他意满志骄、忘乎所以,称霸天下的欲望急剧地膨胀起来,从而走上急于求成、穷兵黩武的歧路,为自己最后的败亡埋下了种子。

更为糟糕的是,随着越国暂时臣服于吴,夫差在战略方针问题上与伍子胥、孙武等人的潜在分歧迅速表面化了。这主要表现在对越国前途的处置一事上。伍子胥、孙武等人清醒地看到,越王勾践不是等闲人物,越王的重臣范蠡(lí)、文种更是不易对付的敌手。只要其一息尚存,就有可能死灰复燃、卷土重来,所以应该乘势灭掉它,不能养虎遗患。另外,灭亡越国还可以确保他日吴国北进时无后顾之忧。

可是北上中原,与齐、晋争霸,是吴国国君梦寐以求的夙愿,早在阖闾伐楚入郢归来之后不久就曾谋划伐齐,只是由于越国的牵制,才被迫搁置。现在越

吴王夫差鉴

国已经臣服，夫差便不愿与它过多纠缠，急不可待地要实施战略目标的转移，同齐、晋争一日之长。这样，夫差便和伍子胥、孙武等人之间出现了尖锐的分歧。

当然，夫差的主张并不是毫无道理。吴国要称霸天下，必须北进中原，压倒齐、晋等国，号令诸侯列国。问题是这一时机尚未成熟，应该耐心等待，创造条件，循序渐进。当时摆在吴国面前的主要任务是剪灭越国，然后休养生息，发展实力，扩充军备，伺机而动。

吴王夫差刚愎自用，根本听不进伍子胥、孙武等人的正确意见，一意孤行，坚持"释越而攻齐"，并把这一意志强加在伍子胥、孙武等人的身上，这样，悲剧便不可避免地发生了！

自公元前494年至前484年这十年左右时间里，吴王夫差为越王勾践制造的种种假象所迷惑，完全放松了对世仇越国的警惕，而把主要精力投入到对齐的战争准备上。一切就绪后，吴王夫差于公元前484年出动吴军主力，并联合鲁军大举伐齐，著名的艾陵之战爆发。在这场战斗中，吴军大败齐师，使得夫差更加志骄意满，准备与晋国争夺中原霸主的宝座。

可是伍子胥等人却对越国一直保持高度的警惕，

艾陵之战，公元前484年，吴鲁联军在艾陵（今山东莱芜东南）全歼十万齐军的战役。

多次提醒夫差要警惕越国。早在艾陵之战爆发之前,越国的实力就已经得到很大的恢复,伍子胥、孙武等人对这一点看在眼里,忧在心里。伍子胥建议夫差趁越国尚未彻底强大,消灭越国。

可是刚愎自用的夫差根本听不进伍子胥等人的规劝,反而还渐渐滋生出对伍子胥、孙武等人的不满,开始将他们排斥出决策层。

伍子胥眼见越王勾践的阴谋诡计将要得逞,吴国社稷危在旦夕,自己的处境日趋不利,不得已而开始为自己寻留后路。他趁出使齐国的机会,将自己的儿子托付给齐国的鲍氏抚养,希望在走投无路之际有一个投奔的处所。

勾践卧薪尝胆

夫差伐齐获胜归国后，得知伍子胥属子于齐之事很是不满，这时已升任太宰的佞臣伯嚭趁机推波助澜，诬陷伍子胥，终于使夫差怒火攻心，遂赐伍子胥以属镂之剑，令他自尽。

孙武对伍子胥的遭遇深为同情，也许曾在可能的范围内给予过救助，可是夫差早已视孙武为伍子胥的同党，岂能听取他的进谏，反而更增添了对他的戒心。结果，孙武爱莫能助，眼睁睁看着好友命丧黄泉。而自己也受到夫差的冷落，被彻底闲置。

挂冠归隐

日月如梭，弹指一挥间，孙武自齐奔吴，已过了三十多个春秋，他本人也由一个英气勃勃的青年人，变成饱经风霜的五十多岁的老人。吴国对他来说，几乎已成了祖国。在这片热土上，孙武奉献了自己的青春，倾注了自己的激情，投入了自己的才智，这中间既有功成名遂的欣悦，也不无失势寂寞的惆怅。欢乐和痛苦，追求和失落，在这里形影不离地伴随着他的人生羁旅。

吴国是孙武一生事业的开端和终结。在这里，他完成了不朽之著《孙子兵法》的撰作，曾辅佐阖闾和夫差"西破强楚，入郢""南服越人"。虽然"北威齐晋"的战略活动他并未直接参与，但他前期的奋斗为吴王夫差的艾陵胜齐和黄池挫晋奠定了基础。所以"北威齐晋"一事中也包含着他的一分功劳、几多心血。

可是孙武的理想肯定不仅仅是这些。如果条件许可，他一定会以更大的热情，更成熟的智慧，全身心投入吴国的事业。毕竟他才五十多岁，精力未曾衰竭，才华依旧横溢。

遗憾的是，吴国当时的环境已不允许孙武向更高的目标前进。由于战略思想上的分歧，孙武遭到了夫差的冷落和排斥，而孙武刚正不阿的性格，也无法让他以阿谀诌媚的方式去赢得夫差的宠信。

伍子胥的不幸惨死，最终使他的晚年生活发生了根本性的转折。伍子胥之死实质上是夫差在战略谋划上刚愎自用、一意孤行、不容异说，在用人上信谗疑忠的必然结果。作为两朝老臣，伍子胥功勋卓著，在吴国享有极高的威望。他的死，给吴国的臣吏们造成极大的震动，使得他们怵然自危，众口皆缄。

孙武当然也不例外，他对夫差非常失望。他了解自己的处境，也明白吴国的前景，不愿重蹈挚友伍子胥的覆辙，更不乐意替夫差这样的昏庸之君殉葬。于是，对他来说便只剩下了一种选择，这就是飘然高隐，独善其身。

孙武归隐后的去向，由于史书没有记载，已成为一个谜。一般的推测是，他依旧留在吴国，隐居乡间修订其兵法著作，直至默默去世。死后也葬于吴都郊外。还有一种说法是，因怀念桑梓故土，孙武辗转返回齐国隐居。

归隐后的孙武有可能亲眼看见了吴国的灭亡。公元前473年，越军占领吴国都城，夫差走投无路，自刎而死。曾经强盛一时的吴国就此彻底灭亡。

如果归隐后的孙武果真看到这样的局面发生，其心情必然是痛苦不堪的。因为吴国毕竟是他曾经向往、投奔，并施展才能的地方。这种打击，对一个垂暮的老人来说，其沉重的程度可想而知。

孙武在归隐后，仍没有放弃对战争规律的执着探索和理论总结。这在他的兵法著作中有明显的反映。《作战篇》说："夫钝兵挫锐，屈力殚货，则诸侯乘其弊而起，虽有智者，不能善其后矣。"意思是说，攻击力下降，精神受挫，军队整体实力下降，经济下滑，就会造成诸侯趁机攻打你。这样虽然有智者，也不能妥善地解决危机。这显然是他对夫差放松对世仇越国的警惕，举兵北上，争当盟主，导致越国乘隙进攻，吴国亡国破军历史悲剧的深刻总结。

下篇 《孙子兵法》的永恒价值

兵圣孙武对人类社会的最大贡献,是他为后人留下了一部不朽的兵学名著——《孙子兵法》。《孙子兵法》今存本共十三篇,五千九百余字。它们分别是:一、计篇;二、作战篇;三、谋攻篇;四、形篇;五、势篇;六、虚实篇;七、军争篇;八、九变篇;九、行军篇;十、地形篇;十一、九地篇;十二、火攻篇;十三、用间篇。

《孙子兵法》十三篇是一个完整、有机的思想体系。每篇既是一个独立的整体,篇与篇之间又相互保持密切的联系。前后十三篇逻辑严谨,层层递进,首尾呼应,浑然一体,对战争的平时准备,战略计划的制订,战役程序的组织,战术手段的运用,以及行军、保障、各种地形条件下的作战行动及特殊战法都做了层次分明、前后贯通的阐述。其思维的整体性和思辨的深刻性在先秦诸子中也是罕有其匹的。曾有人认为:"十三篇结构缜密,次序井然,固有不能增减一字,不能颠倒一篇者。"

第一章
博大精深的《孙子兵法》

中国文化的一个很大特色,是绕同心圆,是起点与终点的重合,这叫作"功德圆满"。《孙子兵法》同样体现了这种文化精神。从算计、预测敌情(《计篇》),经战争准备(《作战篇》)、运用谋略(《谋攻篇》)、发展实力(《形篇》)、创造有利态势(《势篇》)、灵活用兵、争夺先机、因敌变化而取胜(《虚实篇》《军争篇》《九变篇》),到解决"处军相敌"(《行军篇》)、利用地形(《地形篇》)、掌握兵要地理(《九地篇》)、实施火攻(《火攻篇》)等更具体的战术问题,恰好一个完整的战争程序,现在又回复到《用间篇》的预知敌情,重新开始,等同于环绕了一个大圆圈,这就是周而复始,否定之否定的大循环。从这个意义上说,《用间篇》既是全书的终结,也是《孙子兵法》兵学理论生生不息、与时俱进的象征。

《计篇》。这是《孙子兵法》的首篇,在全书中具有提纲挈领的意义。其中心内容,即是从"兵者,国之大事"这一认识高度出发,阐述"知彼知己"的基本方法,强调"五事七计"。具体地讲,就是从五个决定战争胜负的基本要素着眼,通过七个方面的具体比较,对敌我双方的战略态势优劣做出正确的估计,在此基础上对战争的可能性结果做出比较合乎实际的预测,并据此制定好自己这一方的战略决策。同时,孙子主张在把握敌我双方政治、经济、军事以及天时、地利条件基础上,充分发挥战争指导者的主观能动性,这就是在作战中遵循以"利"为宗旨的"诡道十二法"原则。主张积极"造势"以确保己方在战争中牢牢立于不败之地。由此可见,本篇在一定程度上也可以视为孙子兵学思想的概述,也是《孙子兵法》十三篇兵学体系的逻辑起点。

《作战篇》。在"运筹帷幄"就绪,下定作战

> 五事七计,《孙子兵法》提出的决定战争胜负的基本因素。"五事"即"道、天、地、将、法"。"七计"即"主孰有道?将孰有能?天地孰得?法令孰行?兵众孰强?士卒孰练?赏罚孰明?"五事七计以"道"为首。

决心之后，接下来，就是第二个步骤，进入战争的具体准备。因此，本篇的中心思想就是阐述如何结合实际情况进行战争的准备工作。孙子认为，战争对人力、物力和财力存在着巨大的依赖关系。这种依赖关系，在当时生产力比较低下，战争方式比较原始的特定历史条件下，不可避免地决定了战争中"速"的极其重要和"久"的莫大危害。据此，孙子鲜明地主张：凡在进行战争准备的过程中，必须明确树立"兵速胜，不贵久"的速战速决指导思想。为了保证这一思想的实现，解决战争需要与后勤补给困难的矛盾，孙子提出了"因粮于敌"的重要原则。

《谋攻篇》。战争准备就绪，紧接着的逻辑就是对战略实施基本手段的选择。故本篇主要论述如何谋划进攻之道，即根据战争成本的大小，排列优先选择的战略手段，立足于最坏的方式（"攻城"），而争取最好的途径（"伐谋"），运用谋略以夺取"全胜"。孙子认为"百战百胜"并非用兵的最佳手段，高明的战争指导者应该做到"屈人之兵而非战也"，从而实现战略上的全胜。同时孙子也清醒认识到要做到这一点并不容易，因此他也立足于通过战场交

攻城

"十围""五攻",指兵力超过敌人十倍就可以包围它,超过五倍就可以攻击它。

锋来争取胜利。为此他提出了"十围""五攻"等一系列正确的战术运用方针。总之,是立足"战胜",追求"全胜"。

《形篇》。孙子的逻辑,即不论是"伐谋""伐交",还是"伐兵""攻城",战争胜利的最终归属,是自己一方拥有强大的实力。孙子重谋略,但是孙子更重视实力,在他心目中,拥有强大的实力是把握作战主动权的坚实基础,实力建设是取胜的根本前提。故本篇论述了如何依据敌我双方物质条件、军事实力的强弱，灵活采取攻守两种不同形式，以达到在战争中保全自己、消灭敌人的目的。孙子主张在作战中努力确保自己立于不败之地，强调要寻求敌人的可乘之机，以压倒的优势，予敌以致命的打击。

《势篇》。本篇与前篇《形篇》为姐妹之篇。在孙子看来，拥有明显的优势，拥有强大的实力，只是使夺取胜利有了可能性，并不等于胜利自然而然成为现实。所以，本篇的主旨是论述在强大的军事实力的基础上，发挥将帅的主观能动性，发挥将帅的杰出指挥才能，积极创造和利用有利的作战态势，出奇制胜地打击敌人。在孙子那里，客观与主观是有机而辩证统一的，一方面要尊重客观实际，尊重客观规律性，另一方面，也要强调主观，充分发挥主观能动性。

《虚实篇》。在孙子看来，无论是尊重客观规律性，还是发挥主观能动性，都不宜面面俱到，因为面面俱到，等于面面不俱到，什么都是重点，就没有了重点。所以，必须突出重点，把握关键，纲举目张，以一驭万。这个重点，就是本篇所集中阐述的。一，夺取战争的主动权，"致人而不致于人"。

二，认识虚实，掌握虚实，利用虚实，转化虚实。为此孙子提出了"避实而击虚"这一著名的作战指导原则。三，"兵无常势，水无常形"，灵活机动，变化无穷。因敌变化而取胜，在作战过程中不机械、不呆板，根据敌情变化，随时调整部署，始终保持主动。正确选择主攻方向，做到触一发而牵全身，"出其所不趋""攻其所必救"。

《军争篇》。本篇是对《虚实篇》抓重点的有益补充，主要论述在一般情况下夺取制胜条件的基本规律。其中心思想就是怎样趋利避害，力争掌握战场的主动权。从辩证思维的高度，论证了"军争"的有利面和不利面，主张要善于做到把不利转化为有利。在争夺主动权的过程中，孙子要求指挥者坚持运用"以诈立，以利动，以分合为变"的原则，做到权衡利弊得失，而后采取行动。

《九变篇》。本篇是《军争篇》的姐妹篇，《军争篇》是讲"常法"，本篇则是讲"变法"。主要论述非常态情况下，在作战过程中如何根据特殊的情况，灵活变换战术以赢得战争的胜利，集中体现了孙子随机应变、灵活机动的作战指挥思想。孙子主张战略必须具有柔性，将帅应该拥有战略上的反向思维与另类思维，能实施灵活的指挥，要求将帅必须做到全面、辩证地看待问题，见利思害，从而趋利避害，防患于未然。

《行军篇》。如果说，前面的八篇是从宏观的高度论述用兵之道，属于"形而上"层面的理论阐释，那么，从本篇起，就是从微观的角度阐述具体的战术运用原则，属于"形而下"层面的细化。军队的部署与展开，是具体作战行动的起点，因此，本篇主要论述军队在不同的地理条件下如何行军作战、驻扎安营以及怎样根据不同情况观察判断敌情等问题。孙子指出在行军作战中，"处军"适宜至为重要，在"处军"得宜的前提下，须做好"相敌"，充分了解敌情，正确分析判断敌情。他从实战经验中概括出三十余种侦察判断敌情的方法。其特点就是透过现象看本质，体现了孙子思想中的朴素辩证色彩。

《地形篇》。军事行动，都是在一定的地理环境中展开的。因此，必须重视对地理形势的了解与掌握。孙子本篇集中论述了利用地形的重要性以及军队在各种地形条件下进行作战的基本原则。作为我国最早的军事地形学的精辟理论，弥足珍贵。在本篇中，孙子具体分析了军队在作战中可能遇到的

判断敌情

九地，指用兵的九种地势：散地、轻地、争地、交地、衢地、重地、圮地、围地、死地。

六种地形，并据此提出了适宜的用兵方法。他十分强调将帅研究、利用地形的重要性，指出："料敌制胜，计险厄远近，上将之道也。"

《九地篇》。军事地理分为战术地理(军事地形学)与战略地理(兵要地理)，《地形篇》讲战术地理，故本篇合乎逻辑承《地形篇》探究战术地理而来，重点讨论战略地理。其主旨是论述军队在九种不同战略地形下进行作战的基本指导原则，特别强调要根据在不同作战地区官兵所产生的不同心理状态，来制定切合实际的战略战术，确保战争的胜利。首先，孙子从战略态势上，概括了九种不同作战地区的特点，指出它们对官兵心理状态所产生的影响，并进而提出具体灵活的应变措施。其次，孙子提倡深入敌国进行作战，认为这样做具有使士兵听从指挥、努力作战、无所畏惧以及保证军粮供给等多种优点。最后，进一步阐述了贯穿于其整个思想体系中的一些作战原则，如争取主动、避实击虚、迅速行动、集中兵力等等，并把它们同地理条件的特点结合起来开展探讨。

《火攻篇》。在春秋晚期，各类特殊战法，如火攻、水战、地道战等皆已登上战争的舞台，孙子很正常要对这类特殊战法进行关注与研究，并将"火攻"作为诸多特殊战法中的一个典型开展论述。因此，本篇是有关上古至春秋火攻经验的总结性文字。主要论述攻的种类、条件、实施方法以及火发后的应变措施等问题。孙子认为以火助攻，是提高军队战斗力、夺取战争胜利的重要作战形式。他把火攻归纳为五大类，提出火攻必须具备一定的气象条件和物质条件。并主张火攻与兵攻相结合，明确提出应利用纵火所引起的敌情变化，及时地指挥军队发

火攻

起攻击,以扩大战果。本篇中又一个重要内容,是孙子的慎战思想。他强调战争的进行必须以利益大小或有无为前提,"合于利而动,不合于利而止",认为这才是真正的"安国全军之道"。

《用间篇》。主要论述在战争活动中使用间谍以侦知、掌握敌情的重要性,以及间谍的种类划分、基本特点、使用方式等等。它是孙子从理论上对前人丰富的用间实践经验的系统总结，是中国古代用间思想体系基本形成的重要标志。孙子主张战争指导者必须做到"知彼知己"，而要"知彼"，即"知敌之情者"，最为重要的手段之一，就是用间。孙子认为同战争的巨大耗费相比，用间实在是代价小而收效多的好办法，必须充分运用。接着，孙子充分论证了使用间谍的原则和方法，他把间谍划分为五大类，即因间、内间、反间、生间、死间，指出"五间"的不同特点和功用，主张"五间并用"，而以"反间"为主。并提出了"三军之事，莫亲于间，赏莫厚于间，事莫密于间"的用间三原则。同时孙子还指出了用间的必要条件："非圣智不能用间，非仁义不能使间，非微妙不能得间之实。"把它们看作是正确发挥"用间"威力的重要保证。

第一章

慎战至上：
《孙子兵法》的战争观念

在上古传说中，就有了战争。战争在黄土大地上找到了淋漓尽致的表演舞台。有了战争这样的现实，就有了一定的战争观。作为古典兵学的祖师爷，孙武对战争的态度旗帜鲜明。"重战"与"慎战"是他战争观上既相对独立又互为弥补的两大支柱，"安国全军"是他从事战争的出发点和归宿。

慎战为先，备战为重

在《孙子兵法》中，孙武多次提到"霸"的重要性和迫切性。他主张"伐大国"，用战争手段"威加于敌"，实现自己争霸称雄的战略目的。

当然，孙子在战争问题上头脑十分清醒，理性主义成为其战争观的基调，这首先表现为其坚定执着的"慎战"立场。孙武开宗明义即指出，"兵者，国之大事，死生之地，存亡之道，不可不察也。"(《计篇》)由此可见，他是为了慎重对待战争而强调研究战争。

由此出发，孙子阐述了他较为系统的慎战主张。一是提倡用伐谋、伐交的战略策略，兵不血刃地达到"不战而屈人之兵"的政治目的，实现取威定霸的战略目标。这是他心目中最理想的用兵境界，也是其"慎战"观念最上乘的含义。二是在战争不可避免的情况下，孙子坚定不移地主张，无论是战争决策，还是战争准备、战争实施乃至战争善后，都应该做到慎之又慎，举轻若重。为此，孙武不厌其烦地以告诫的口吻向统治者发出警告，提醒他们从生死存亡的角度慎重对待、仔细研究战争。对于那种缺乏政治目的和战略意图而轻启战端、挑起兵衅的愚蠢行为，孙子认为是十分短视和危险的，因而持坚决反对的态度："主不可以怒而兴师，将不可以愠而致战。"(《火攻篇》)孙子强调要在战前进行周密的战略筹划，不打无把握之仗。在战争实施过程中，孙武要求战场指挥员牢固树立起"慎战"观念，要根据战争的规律进行分析，没有必胜的把握，即使国君命令一定要打，不打也是可以的。

然而，主张慎战并不是意味着反对战争，取消战争。他提倡慎战的主旨，在于强调进行战争的政治目的应当遵循功利主义原则，即做到"非利不动"，"合于利而动，不合于利而止"。这种既重战又慎战的观点，使得孙武的战争观念既不同于儒、墨等学派的反战、非战主张，也与法家一味嗜战、主战的立场划清了界限。

"慎战"与"重战"并重的思想，使得孙武高度重视"备战"问题。他把准备战争和指导战争的问题提到了极端重要的位置，强调做到有备无患："故用兵之法，无恃其不来，恃吾有以待之；无恃其不攻，恃吾有所不可攻也。"（《九变篇》）这就

《墨子》书影

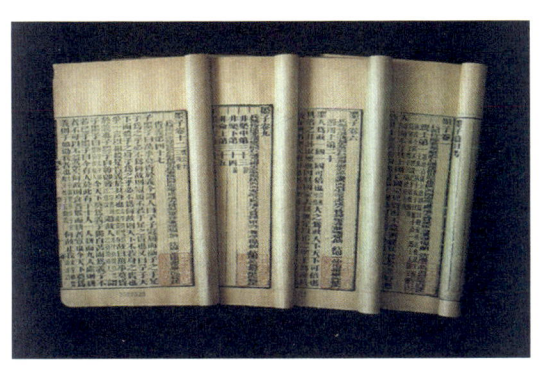

是说：要把立足点牢牢放在做好充分准备，不打无准备之仗，以强大的军事实力迫使敌人不敢轻易发动战争这一基点之上。

孙子这一备战为重的战争指导思想，也贯穿于他的具体作战筹划之中。如强调作战预案要周全完善，做到"未战而庙算胜"（《计篇》）；主张作战行动要稳妥慎重，做到"先为不可胜，以待敌之可胜"（《形篇》），自己必须先站稳脚跟，然后再考虑如何克敌制胜。总之，要以消灭敌人、保存自己为根本原则，这就是所谓的"自保而全胜"。

兵以利动，仁诈统一

对春秋晚期战争现实的清醒认识和把握，催生了孙子兵学的实用理性，这就是《军争篇》所说的"兵以诈立，以利动，以分合为变"。孙子一再强调"非利不动，非得不用，非危不战"。在他的眼中，是否发动战争，如何进行战争，关键就看战争是否有利这一点。

孙子对战争功利性这一问题毫不隐晦，而是理直气壮地加以强调。所谓"利"，在孙子看来，便是"掠乡分众，廓地分利，悬权而动"（《军争篇》），即立足于扩张自己的领土，掠夺他国的财物，占有他国的人口资源等利益的大小得失，着眼于使自己在争霸兼并战争中永远立于不败之地。总之，孙子认为如果一场战争打下来，不能"安国全军"而是亡国破军，不是"分众""分利"而是一无所得，或者即使"战胜攻取"，但弊大于利、得不偿失，那么就不能不反对。

从历史发展的角度看，孙武以"利"为根本的战争观，是符合新兴势力的政治要求的，也与春秋战国社会大变革的发展趋势相一致。孙子以利为本的战争观，既反映在战争决策层次上，即兴不兴师、致不致战，均以利益大小或有无为前提，"合于利而动，不合于利而止"，也体现在战争实施全过程中，即所谓"因利而制权"。他的具体作战指导论述，如"兵之形，避实而击虚"（《虚实篇》），"避其锐气，击其惰归"（《军争篇》），"致人而不致于人"（《虚实篇》）等等，其出发点都是为了获取用兵之利。从这层意义上说，利益观是孙子作战指导思想提出的原动力。

用兵的目的在于捞取最大的实利，为了实现这一宗旨，势必就要讲求具体的手段，所以推崇诡道

击其惰归

也就符合逻辑地成为孙子战争观念中的有机组成部分了。

通观《孙子兵法》全书,"兵以诈立"的精神可谓贯穿始终。孙武他一再强调"兵者,诡道"这一命题。在首篇《计篇》中,他提出了著名的"诡道十二法",而其本意,则在于"攻其无备,出其不意"。在其余十二篇中,"兵者,诡道"思想也是立论的基础,孙子讲"示形动敌""先为不可胜",

诡道十二法,指"故能而示之不能,用而示之不用,近而示之远,远而示之近。利而诱之,乱而取之,实而备之,强而避之,怒而挠之,卑而骄之,佚而劳之,亲而离之,攻其无备,出其不意。"(《计篇》)

无不为其诡道观念的孳乳与衍化。

孙子以利为本,以诡道为用,但也讲"仁"。这里所说的"仁",主要是指其进步的民本主义思想和人道主义精神。在孙武的思想中,诡诈与仁义犹如一辆车上的两只车轮,互为依存,相辅相成。

孙子的"仁",首先表现为"慎战"立场的提出。其"慎战"思想固然是利益观制约的产物,但也不可否认它包含着减轻生命财产损失的初衷,短短"唯民是保"四字,就透露了这方面的信息。其次也表现为尊重和顺应民心这一点,即所谓"道者,令民与上同意也"。这里就内含着考虑民众的欲望,尊重民众的愿望,关心民众的生计,争取民众的归附等含义,要求做到上下之间团结一致,和衷共济,这不是"仁"又是什么。孙子的"仁"更表现在具体军事活动之中,如提倡在治军上厚爱士卒,优待俘虏;主张在选拔将帅时,将"仁"作为重要条件之一。

总之,"仁"与"诈"在孙子那里是得到有机统一的,诡诈反映了军事斗争的特征,而仁义则为战争的顺利展开并取胜,提供了有力的保证。

第三章

全胜至上：
《孙子兵法》的战略思想

孙子"不战而屈人之兵"全胜战略思想，是他"慎战"思想与功利主义立场的必有之义。战争是流血的政治，它固然是社会进步和发展过程中一个不可逾越的阶梯，但是，它对物质、文化损耗的严重后果也同样显而易见，不可否认。为了克服这方面的消极后果，就要设法将战争的破坏程度降到最低点。这样，赢得"全胜"也就成了高明的战争指导者所孜孜追求的目标。孙子讲求战争的效益与利弊得失，渴望以最小的代价换取最大的胜利。由此可见，孙子的"全胜"思想，实际上仍然是其慎战观念和功利立场在战略指导理论上的反映。

上兵伐谋，力求全胜

在古希腊神话里，战神阿瑞斯的形象是手持锐利的长矛、能征惯战的勇士；然而在中国人的心目中，真正意义上的"战神"，却不是那豹额环眼、有万夫不当之勇的张飞和手执双斧、横扫千军的李逵，而是那羽扇纶巾、未卜先知的诸葛亮和状貌文弱、神机妙算的智多星吴用一类人物。这种传统文化心理积淀现象，启示着中国古典军事学的一个基本特征："攻人以谋不以力，用兵斗智不斗多。"（欧阳修语）

> 阿瑞斯是古希腊神话中的战神，奥林匹斯十二主神之一，被视为尚武精神的化身。他是众神之王宙斯和天后赫拉的儿子。与希腊阿瑞斯对应的罗马神，则是罗马的农业、战争、王权、春天之神玛尔斯。

诸葛亮石像

这一军事文化传统的奠基者，就是孙武。

孙武在《孙子兵法·谋攻篇》中发表了如此惊世骇俗的宏论：

"是故百战百胜，非善之善者也；不战而屈人之兵，善之善者也。"

"故上兵伐谋，其次伐交，其次伐兵，其下攻城……"

孙子是清醒的现实主义者，他那以"不战而屈人之兵"为主体的"全胜"战略思想是有其特定含义的。一般地说,"不战而屈人之兵"理论的本义是指以实力为后盾,不通过直接交战而使敌人屈服。也就是在战争指导上追求达到至善至美的理想境界。

为了使"不战而屈人之兵"这一理想追求转化为现实,孙子进而扼要阐述了这方面应具有的条件和手段。他认为要取得战略上的全胜,实现"不战而屈人之兵"的目标,必须积极创造条件,这个条件就是要拥有强大的军事实力。在双方力量对比上,要如同"以镒称铢"那样居于绝对的优势,使敌人望而生畏,战栗不已。孙子同时还探讨了全胜战略的手段——"上兵伐谋""其次伐交"。所谓"伐谋",就是在谋略上战胜敌人;所谓"伐交",就是通过战略威慑的手段,达到自己的战略目标。条件充分具备,手段坚强有力,孙子认为自己全胜战略的目标——安国全军也就水到渠成,可以顺利实现了。

重视实力,力谋并重

战争不仅是作战双方实力的对抗,也是智谋的较量。实力与智谋,是获得战争胜利的两个基本条件,缺一不可。兵圣孙武既是一位实力论者,又是一位谋略大师。大家一般认为《孙子兵法》是讲谋

> 《三十六计》或称《三十六策》，是指中国古代三十六个兵法策略，源于南北朝，成书于明清。它是根据中国古代军事思想和丰富的斗争经验总结而成的兵书，是中华民族悠久的非物质文化遗产之一。

略的，所谓"战非孙武之谋，无以出其计远"（《便宜十六策》），这话当然没有错，但是并不全面。因为《孙子兵法》固然重谋略，可又不仅仅讲谋略，它也非常注重实力。它跟《三十六计》最大的不同，就是《三十六计》纯粹是玩空手道，而《孙子兵法》却强调谋略的确重要，但是必须以强大实力做基础。

孙子一方面认为用兵打仗要运用谋略，做到四两拨千斤，"设计运谋，为不可测"（《九地篇》），主张"上兵伐谋""兵以诈立"，追求"不战而屈人之兵"的理想境界。另一方面，他又十分重视实力，认为双方实力的对比决定了战争胜负的最后归属："地生度，度生量，量生数，数生称，称生胜。"（《形篇》）把实力作为决定战争胜负的基本条件，并对如何加强自身实力阐明了自己的看法，从而形成了谋力并重的兵学特征。

综观《孙子兵法》全书，都是围绕着实力与谋略这两个基本问题展开的：一是如何壮大自己、削弱敌人、以镒称铢的实力问题；二是如何因敌而变、避实击虚、出奇制胜的谋略问题。

决定战争胜负的五个基本要素，孙子概括为道、天、地、将、法。"道"是政治条件，就是国内政治清明，上下和谐，在战争问题上，使高居庙堂的统治者和身处草莽的老百姓形成共识，心往一处想、劲往一处使，至少也要做到不唱反调，有意作梗。"天"与"地"，都是讲战争的自然环境，要拥有有利的天时、地理条件，把握住战场的主动权。"将"讲的是军队的统帅问题，将帅作为一支军队的灵魂，他的素质、才能直接关系着军队战斗力的发挥，正所谓"兵熊熊一个，将熊熊一窝""置将不慎，一败涂地"，所以它理所当然成为衡量双方军事实力，预测战争胜负的重要因素。至于"法"，同样十分重要，合理的编制，协调的合成，有力的保障，适宜的赏罚，是任何军队从事军事活动过程中须臾不可缺少的环节。我们很难设想，一群乌合之众，没有法纪的约束，做不到令行禁止，单凭血气之勇，而能成就大事的。

孙子在《形篇》中更是专门阐述了军事实力在战争中的地位和作用，以及军事实力运用的原则和实力建设的方法和途径。孙子坚持认为，打仗不是卖弄小聪明，不可玩小伎俩，作为战争指导者，必须依据敌我双方物质条件的优劣、军事实力的强弱，灵活机动地采取进攻和防守两种不同的作战方式，"以镒称铢，决积水于千仞之溪"，来达到在战争中保全自己，消灭敌人的目的。

第四章

兵无常势：《孙子兵法》的
克敌制胜之道

《唐太宗李卫公问对》又称《唐李问对》《李卫公问对》，唐代著名军事家李靖撰，是唐太宗李世民与李靖讨论军事问题的言论辑录。有人怀疑此书是北宋阮逸伪作。

《孙子兵法》中，"善战"思想占有主导地位，"兵以诈立，以利动，以分合为变"是孙子兵学实用理性和精髓要义的集中体现。一部《孙子兵法》，归根结底是教人们如何用兵打仗、克敌制胜的。孙子思想的重点是他的作战谋略和作战指导思想，孙子兵学的精华是他独创的军事理论范畴，诸如"奇正""虚实""主客""攻守""形势"等等。孙子制胜之道的灵魂，就是夺取克敌制胜的主动权，用孙子自己的话说，即简洁洗练的一句："致人而不致于人。"《唐太宗李卫公问对》说，古代兵法"千章万句，不出乎致人而不致于人而已"，一语道破了奥妙。

知彼知己，预见胜负

崇智尚谋，是《孙子兵法》乃至整个古代兵学的基本特色。这就决定了孙子把战略决策和作战指导的制定和实施，立足于"先胜"的前提之上。他曾斩钉截铁地表示，"胜兵先胜而后求战，败兵先战而后求胜"，可见在他心目中，进行战争必须是如履薄冰，千万马虎不得。必须先有胜利的条件，先有胜利的方案，先有胜利的把握，才可以对敌一战。这就是所谓的"先胜"。因此，他不厌其烦地强调要"料敌制胜，计险厄远近"，认为这才是巧妙驾驭战争的"上将之道"。

然而，如何达到"先胜"的目的呢？孙子认为，"先胜"不是可以坐而致之的，而必须通过主观上的不懈努力来加以实现。努力的正确方向，则是全面了解和掌握各种情况，预测各种变数，在此基础上正确筹划战略全局，机宜实施战役指导。即"知彼知己，胜乃不殆；知天知地，胜乃可全"。由此可见，以"知彼知己"为主要方式的"先胜"思想，

> 知彼知己，指如果对敌我双方的情况都能了解透彻，打起仗来就可以立于不败之地。泛指对双方情况都很了解。

是孙子制胜之道的出发点和基础。

孙子认为，从事战争的先决条件是要做到"知彼知己"（《谋攻篇》），因为只有全面了解各种情况，正确估量敌我态势，才能做出正确的判断，定下正确的决心，制定正确的作战方针。为此，孙子主张在开战之前对敌我双方的主客观条件——"五事七计"做出全面的了解。看一看究竟哪一方君主政治清明？哪一方将帅更有才能？哪一方拥有有利的天时地利条件？哪一方法令能够贯彻执行？哪一方武器坚利精良？哪一方士卒训练有素？哪一方赏罚公正严明？以期对战争的胜负趋势做出高明

马陵之战

的预测，并据此来制定己方的战略战术方针。孙子一再强调这样做的必要性，认为不如此就意味着失败："不知彼而知己，一胜一负；不知彼，不知己，每战必殆。"（《谋攻篇》）

孙子进而认为，不但在战前战略决策中要贯彻"知彼知己"的原则，而且在实施作战指导过程中，也要始终不渝地将"知彼知己""知天知地"作为自己行动的最高纲领。他首先是通过对未能"知彼知己"而造成不利的后果的论述，从反面印证了全面了解掌握敌情的重要性，"不知战地，不知战日，则左不能救右，右不能救左，前不能救后，后不能救前"（《虚实篇》），"知吾卒之可以击，而不知敌之不可击，胜之半也；知敌之可击，而不知吾卒之不可以击，胜之半也；知敌之可击，知吾卒之可以击，而不知地形之不可以战，胜之半也"（《地形篇》）。接着，他又从正面充分肯定了"知彼知己"对于指导战役胜利的意义，"故知战之地，知战之日，则可千里而会战"（《虚实篇》），"故知兵者，动而不迷，举而不穷"（《地形篇》）。

《军争篇》中有这么一段精彩的文字："不知诸侯之谋者，不能豫交；不知山林、险阻、沮泽之形者，不能行军；不用乡导者，不能得地利。"可见上至"伐交"这样的战略层次，下至行军屯兵这样具体的举措，都不能须臾违背"知彼知己""知天知地"的根本原则。那么应该通过何种方式来了解和掌握情况呢？孙子对此也提出了自己系统的看法，从而使"知彼知己"的原则不曾流于空泛。

第一是重视用间，掌握第一手的敌情材料。为此，孙子专门撰写了《用间篇》，来集中论述用间的原则和方法。他在文中指出："故惟明君贤将能以上智为间者，必成大功。此兵之要，三军之所恃而动也。"第二是战场"相敌"，掌握敌人的动向。孙子在《行军篇》中列举了三十二种具体的相敌之法，把它作为战争指导者达到"知彼知己"目的的主要手段之一，反映了孙子对作战指导规律孜孜探求的可贵努力。第三是火力侦察，通过试探性进攻，来进一步了解和掌握敌情。在《虚实篇》中，孙子论述了四种具体的试探敌人虚实的方法：一通过分析判断，了解敌人作战计划的优劣得失；二通过挑动敌人，认识敌人的活动规律；三通过佯动示形，掌握制敌死地的关键所在；四通过战斗侦察，观察敌人兵力的虚实强弱。所有这些，都是在临战状态之下为了获取敌人情报而采用的方法。

先发制人，进攻速胜

孙子主张"先其所爱""兵贵胜，不贵久"，强调先发制人，提倡速战速决，推崇作战行动的突然性、主动性、进攻性、运动性。孙子所奉行的是进攻战略，主动性是他所坚持的主要作战纲领。

孙子对"先发制人"问题的论述是相当精辟的。他强调在作战过程中，一切都要抢先一步，使自己处于主动有利的地位。在《虚实篇》中，他曾指出这样做的重要性，"凡先处战地而待敌者佚，后处战地而趋战者劳"，意思就是先敌一步，即可以逸待劳，一举击败来犯之敌。鉴于这样的认识，孙子一再主张在展开军事行动时，要做到"后人发，先人至"（《军争篇》），即比敌人后出动，却先抵达目的地，夺取先机之利。

孙子指出，要想实现"先发制人"，必须做到两点。一是创造和把握正确的时机。具体地说，就是要通过示形惑敌等方法，诱使敌人放松戒备，暴露破绽，然后以迅雷不及掩耳之势，主动进攻，乘虚而入，一举克敌："敌人开阖，必亟入之""是故始如处女，敌人开户；后如脱兔，敌不及拒"（《九

> 先发制人，指战争中双方，先发动的处于主动地位，可以控制对方。后也泛指争取主动，先动手来制服对方。

地篇》)。二是充分占据主动,选择合适的进攻方向,应当进攻敌人最薄弱且又是要害的环节,从而触一发而牵动全身,以收事半功倍之效,确保"先发制人"的战略意图能够得以顺利实现,即"先夺其所爱,则听矣"(《九地篇》)。

"先发制人"的主要目的之一是为了给敌以猝不及防的打击,尽可能迅速地完成战略任务以结束战斗,以较小代价换取较大战果。这一指导思想落实到具体作战行动中,就势必推导出"速战速决"的主张。应该说,"先发制人"与"速战速决"是同一个问题的两个方面。

巨鹿之战

孙子是坚定不移地提倡速战速决的，主张在最短的时间里战胜敌人，反对使战争旷日持久。

孙子强调进攻速胜，原因除了这样做符合"先发制人"战法基本要求外，也是出于对战争的经济重荷以及当时外交战略格局形势等因素的考虑。从战争与经济关系这一角度观察问题，孙子认为进攻速胜至关重要。《作战篇》指出："凡用兵之法，驰车千驷，革车千乘，带甲十万，千里馈粮，则内外之费，宾客之用，胶漆之材，车甲之奉，日费千金，然而十万之师举矣。"由此可见，战争对经济的消耗是巨大的。孙子主张进攻速胜，同时也是基于对当时列国战略格局的认识。春秋时期，诸侯林立，竞相争霸称雄，关系错综复杂。在这种情况下，如果某一国长期征战，就会给第三国带来可乘之机，最终使自己陷于两线作战的被动局面，出现所谓的"鹬蚌相争，渔翁得利"的情况。用孙子的话说，就是"夫钝兵，挫锐，屈力，殚货，则诸侯乘其弊而起"（《作战篇》）。

孙子反复阐述"兵贵胜，不贵久"的道理，指出：善于用兵打仗的人，兵员不一再征集，粮草不多次运送，武器装备由国内提供，粮食给养在敌国补充。

他之所以反对攻城，其原因主要也是看到一旦采取攻城，那么必将因准备攻城的器械，建筑用于攻城的土山而导致旷日持久，无法速胜。

为了圆满实现速战速决这一战略意图，孙子主张在采取军事行动时，一是要做到突然性，使敌人处于猝不及防的被动状态，努力达到那种"动如脱兔，敌不及拒"的最佳效果。二是要做到运动性，即提倡野外机动作战，调动敌人，以期在野战中予以歼灭性的打击。总之是要"悬权而动"即权衡利弊得失而后采取行动，使自己始终保持主动地位，行动自如："其疾如风，其徐如林；侵掠如火，不动如山，难知如阴，动如雷震。"（《军争篇》）三是要做到隐蔽性，使敌人无从窥知我方的真实作战意图，如同聋子、瞎子一样，从而确保我方速战速决军事行动的突然性能够达到，运动性可以实现。孙子认为，只要在军事行动中真正做到了隐蔽、突然、机动，就能够速战速决，出奇制胜。

兵不厌诈，因敌制胜

兵不厌诈，计出万端，灵活机动，因敌制胜，这是孙子制胜之道的主要手段和方式。它的核心

> 兵不厌诈，指用兵作战不排斥运用诡变、欺诈的策略或手段克敌制胜，也指用巧妙的手段骗人。

赤壁之战

含义，就是灵活用兵。孙子认为，在战争中，要想掌握战场主动权，实现克敌制胜的目的，就必须在具体作战指挥上坚决贯彻"兵者诡道""兵以诈立"的原则，施行诈谋奇计，造成敌人的错觉，使之产生判断错误，然后再给予出其不意的打击，一举克敌。

孙子把兵不厌诈推崇为指挥艺术的精妙极致，指出作战成功的奥秘在于能打，却装作不能打；要打，却装作不想打；明明要向近处，却装作要向远处；实际要向远处，却装作要向近处；敌人贪利，就用小利引诱他；敌人混乱，就趁机攻取他；敌人实力雄厚，就注意防备他；敌人兵势强盛，就暂时避其锋芒；敌人暴躁易怒，就挑逗扰乱他；敌人卑怯谨慎，就设法使之骄横；敌人休整良好，就设法使之疲劳；敌人内部和睦，就设法加以离间。所有这些，都是兵不厌诈的具体表现形式。孙子认为，通过它们，即可达到"攻其无备，出其不意"的目的，令敌人于"不知其所守""不知其所攻"，处处被动挨打。

众所周知，进攻与防御，乃是两种最基本的战斗形式，至于追击、退却、包围、迂回等等，不过是它们的变化而已，需根据客观情况来决定。战争现象难以捉摸把握，战机稍纵即逝。因此，捕捉战机，采取行动，完全依赖于指挥人员的"妙用"。这就是灵活机动。灵活机动，关键在于正确地使用兵力和灵活地变换战术。既要尊重作战原则，但又不死守作战原则，而是根据天势、地势、敌势、我势。做到每次战胜，都不是简单重复，而是适应不同敌情，变化无穷。

孙子充分认识到用兵打仗贵在灵活机动、随机应变，拘泥常法、一成不变必然导致覆军杀将、辱身误国。因此他鲜明地提出了"因敌制胜"的重要命题，作为指导战争的根本原则："水因地而制流，兵因敌而制胜。故兵无常势，水无常形，能因敌变化而取胜者谓之神。"一再强调这是所谓的"兵家之胜"。

> 因敌制胜，指根据敌情变化使用不同的作战策略而取得胜利。

孙子主张"因敌制胜"，并不等于他否定所有"常法"。恰恰相反，他尊重经得起历史检验的"用兵之法"。比如，在《军争篇》中重视用兵"八戒"："高陵勿向，背丘勿逆，佯北勿从，锐卒勿攻，饵兵勿食，归师勿遏，围师必阙，穷寇勿迫。"即敌人占领山地时不要去仰攻，敌人背靠山地时不要正面去迎击，敌人假装败退时不要跟踪追击，敌人的精锐不要去攻击，敌人的诱兵不要去理睬，敌人退回本国时不要去拦截，包围敌人时一定要虚留缺口，敌人已陷入绝境时不要过分逼迫。孙子所反对的仅仅是不分地点、时间、场合，不顾敌情、我情而一味死守的那些习以为常的作战原则，反对不知变通，最后导致作战失利的愚蠢做法。

在尊重作战"常法"的前提下，孙子更重视用兵的灵活机宜、不拘一格。用他自己的话讲，就是"践墨随敌，以决战事"(《九地篇》)，认为"因敌制胜"是通往胜利彼岸的舟楫，走向光辉顶点的阶梯。指挥员不论在何时何地都不能违背这一原则的精神。

孙子关于"因敌制胜"作战指导原则的具体论述，相当丰富且十分精彩。

一是对攻守关系的看法。孙子指出："不可胜者，守也；可胜者，攻也。守则不足，攻则有余。"这里孙子对攻守问题提出了辩证看法，认为当在自己力量不足，或者时间和地点都不利，没有战胜敌人的可能的情况下，就要实施防御；反之，当自己力量占有优势，具备了战胜敌人的条件，这时便要展开进攻，而切切不能一厢情愿地从主观愿望出发，想进攻就进攻，不想进攻就防御，以致陷于攻守失据的被动地位。

二是以"因敌制胜"原则来观照和认识作战的机断指挥问题。《九变篇》集中体现了这层思想，孙子把将帅能否精通各种机变的利弊，看作是否懂得用兵的标志，指出指挥军队，而不知道各种机变的方法，那么即便知道"五利"也是不能充分发挥军队战斗力的。

三是从"因敌制胜"原则的高度阐述"奇正"的变化问题。在孙子那里,对"奇正"的变化运用的论述,乃是以"因敌制胜"原则为出发点的,既肯定"战势不过奇正",强调用兵打仗要做到"以正合,以奇胜"即以正兵当敌,用奇兵制胜;同时,更提倡根据战场情势的变化来灵活变换奇正战法,奇正之间相互依存、相互转化,变化无穷。总之,一切从实际出发,当正则正,当奇则奇,因敌变化,应付自如,进入驾驭战争规律的自由王国。这其中无不蕴含"因敌而制胜"的深刻哲理,闪烁着辩证观察和处理战机的思想火花。

致敌就范,把握主动

孙子认为决定战争胜负的症结,在于"胜兵先胜而后求战"。即想要确保自己在战争中永远立于不败之地,就必须创造条件,始终牢牢地掌握主动权。而掌握主动权的核心,关键则在于做到"致人而不致于人",即调动敌人、钳制敌人而不为敌人所调动、所钳制。这从战略层次上说,就是要做到进攻大国,能使敌国军民来不及动员集中;兵威加到敌人头上,能使敌方盟国无法配合策应,进入作战措施建立在必胜基础上,从而战胜业已处在失败地位上的敌人的理想境界。就战术层次而言,掌握主动权,就是意味着"能使敌人前后不相及,众寡不相恃,贵贱不相救,上下不相收"(《九地篇》)。让敌人处处被动挨打,无可奈何;自己攻守皆宜,稳操胜券!

主动权不会拱手得到,指挥员必须运用聪明才智,发挥主观能动性,才能争到。孙子在充分肯定夺取主动权的同时,更以极大的精力来探讨如何争取主动权的问题,发表了许多非常精辟的见解,概括起来有以下几个方面:

第一,加强军队实力,造成敌我力量对比上的绝对优势。孙子指出,"胜兵若以镒称铢",即胜利的军队相较于失败的军队,有如以"镒"比"铢"一样占有绝对优势。战争固然是智的角逐,但同样也是力的较量。孙子讲主动权问题,首先立足于增强军事实力这一点上,在这基础上争取先机之利。

第二,造势任势,发挥主观能动性,主动灵活地打击敌人。所谓"势",按孙子的本意,指的是军事力量合理的积聚、运用,充分发挥其威力,突出表现为有利的态势和强大的冲击力。孙子认为光有实力还不够,要夺取主动权,重要的环节之一是要造势任势,"计利以听,乃为之势,以佐其外"(《计篇》),即在筹划的方略已被采纳后,还要设法造成一种态势用来辅佐战略计划的实现。

第三，示形动敌，创造主动条件。战场上两军对阵，敌我双方在主观上都毫无例外地要致力于造势任势，以争取主动的地位。能否成功，关键之一就在于能否广施权变，示形动敌，出奇制胜。所谓"示形"，就是隐真示假，诱使敌人中计上当，最后陷入失败的命运。孙子指出，战场上示形动敌、克敌制胜的最上乘境界乃是"形人而我无形"（《虚实篇》），即设法使敌人显露真情而我军不露痕迹。孙子认为，一旦达到这种境界，那么进行防御，即可"藏于九地之下"，坚如磐石；进攻，即可"动于九天之上"，制敌于死地。

第四，奇正并用，避实击虚。孙子认为，要造成有利的作战态势，掌握战场主动权，在作战指挥上一是要解决战术上的"奇正"变化运用问题。所谓"奇正"，首先是兵力的配置和使用，以正兵当敌，以奇兵制胜。其次，也是更重要的，是战术的选择和运用，"奇正相生""奇正之变"。孙子同时指出，要掌握战场主动权，在作战指挥上还要正确贯彻"避实而击虚"的原则。首先要正确选择攻击目标、攻击方向，从根本上调动对手，制伏敌人。其次则需要把握好攻击时机，避免同正处于士气高涨、斗志

> 奇正，古时兵法术语。古代作战以对阵交锋为正，以设伏掩袭等为奇。

旺盛阶段的敌人做正面交锋，而是乘虚蹈隙，实施突然而凌厉的打击，夺取战争的胜利。

集中兵力，以镒称铢

正确选择主攻方向，集中优势兵力，在全局或局部上造成"以镒称铢"的有利态势，各个歼灭敌人，这是孙子制胜之道的突出环节，也是其战术思想的关键。

大体而言，两军对阵，凡兵力薄弱、指挥笨拙的一方，一般情况下，总是比较被动。所以，古往今来的军事家们很自然地提出了"众寡分合"的著名命题。所谓"众寡"，就是兵力的对比问题；所谓"分合"，就是指兵力的部署使用问题。两者的核心所在，就是要集中兵力，在全局或局部造成优势，分一为二，各个击破敌人。

孙子是历史上第一个重视并系统阐述"众寡分合"作战原则的兵学大师。在《谋攻篇》中，他明确强调"识众寡之用者胜"，并把这看成是预知胜利的一项重要因素。这里的"众寡"当然是指兵力的多少，而"用"则是指兵力的运用，即善于根据双方兵力对比情况而采取正确战法就能取胜。孙子

> 以镒称铢，指用镒同铢相比，表示力量处于绝对优势。一镒等于 24 两，一两等于 24 铢。

认为，要确保掌握主动权，夺取战争的胜利，就必须在战场交锋时集中优势兵力，以镒称铢，"以碫击卵"，给敌人以毁灭性打击。为此，他反复阐发了集中兵力问题的重要性，并一再提出具体的集中优势兵力的种种主张："并力""并敌一向""并气积力，为不可测""我专为一"，从而达到"以众击寡"的目的。

当然，战场态势瞬息万变，因此集中兵力的方法也不宜固守一道，而应该是因敌变化、随机制宜。孙子对此是有清醒的认识的，所以他在《谋攻篇》中论述了集中兵力的各种对策，"十则围之，五则攻之，倍则分之，敌则能战之"，主张针对不同的兵力，分别灵活采取"围""攻""分""战"等战法，确保己方进退自如，攻防皆宜。

兵力的大小与兵力的集中分散，并不是同一回事。总体上说，兵力对比虽占优势，但是在具体作战过程中也可能因兵力部署的分散而丧失优势；反之，兵力在总体上占劣势，但也可能因相对集中而形成局部上的优势。由此可见，集中兵力是有一定条件的，从主观上说，敌我双方都力求集中兵力，谋求战场上的优势。然而能否达到这个目的，则取决于指挥员主观能动性是否得到充分的发挥。

孙子不愧为杰出的军事理论家，在"众寡之用"问题上，他既肯定集中兵力的意义，提倡"以十击一"，又积极探讨如何在战争活动中，通过对"分合为变"等手段的运用，以达到集中兵力、掌握主动的目的。

孙子认为集中兵力的关键，在于创造条件，捕捉战机。从战术上说，就是要做到"形人而我无形"，使敌人显露真情而我军不露任何痕迹。通过调动敌人，来使我方的兵力集中在一处，而让敌人的兵力分散在十处。于是，便能以十倍于敌的兵力去进攻敌人了，造成我众而敌寡的有利态势。而能做到集中优势兵力攻击劣势之敌，那么同我军正面交战的敌人也就有限了，出现我们要进攻的敌人更少的局面。基于这样的认识，孙子乐观地表示了充足的信心，"胜可为也，敌虽众，可使无斗"（《虚实篇》），即胜利是可以创造的，敌军虽多，但可以使它无法同我较量。

孙子的思维方式是辩证的，在肯定集中兵力重要性的同时，也深刻揭示了分散兵力的危害性。他认为，在兵力部署上如果不分主次方向，单纯企求"无所不备"，那就势必形成"无所不寡"，不能达到"我专而敌分"的目的，也就失去了主动地位的物质基础。据此，孙子一再提醒战争指导者要避免犯"以一击十""以少合众"这一类分散兵力的错误，因为那样做即是"败之道也"，到头来一定会覆军杀将，自取其辱。

第五章
令文齐武：《孙子兵法》的军队管理思想

关于军队管理，孙子的基本宗旨是"令之以文，齐之以武"，即文武并用，刚柔相济，恩威兼施，宽严结合。在此基础上，他提出了一系列治军方法，包括用什么样的将领，部队的训练和赏罚等，比如"上下同欲，政胜为先""申饬军纪，严明赏罚""严格训练，爱卒善俘""将为国辅，五德并重"等。

上下同欲，政胜为先

古往今来，不同阶级、不同集团总是按照自身的利益，以不同的政治标准来建设军队。可是有一点却具有共性，即他们在主观意图上，都希望军队内部有向心力、凝聚力，从而更好地为达到一定的政治目的服务。军队内部关系和谐，团结一致，是治军的先决条件，也是治军的首要内容，而关系和谐亲密，则取决于整个政治的清明与否。

在《孙子兵法》中，孙子把"主孰有道"突出地置放在考察战争胜负诸要素"五事"的首位。这里的"道"，其本质含义是指政治清明与否。在孙子看来，"修道而保法"即修明政治，确保各项法制得到贯彻落实，不仅是克敌制胜的前提，也是治军上的要义。

由于军队的基本成员——广大士卒来自民众，因此孙子认为，要搞好军队内部的团结，应该从理顺整个国家统治者与被统治者的相互关系做起。于是他主张"令民与上同意"（《计篇》），即要求战争指导者尊重普通民众的意愿，想方设法创造条件，使统治者与广大民众两者之间的意志统一起来，上下之间团结一致，和衷共济，去夺取战争的胜利。

有了国家政治中"与上同意"这个坚实基础，那么落实到军队治理上，做到"与众相得"（《行军篇》）也就有了较大的可能。所谓"与众相得"，指的是官兵之间关系和谐融洽，心往一处想，劲往一处使，指挥员关心爱护普通士卒，普通士卒爱戴拥护指挥员，为实现共同的目标携手合作，患难与共，前赴后继，勇往直前。

当然，孙子也清醒地意识到，要使自己良好的初衷转变为现实，并非易事。这主要是因为统治者与民众之间存在着巨大利益的对立。统治者建设军队、发动战争，乃是出于争霸称雄、兼并土地的目的，而对广大民众和普通士卒来说，战争给他们带来的眼前直接后果，乃是生命的牺牲、财产的损失。因此要让他们充当炮灰、为之卖命，自然是困难重重。在这样的情况下，军队内部要做到齐心协力，一致对敌，也多属一厢情愿。这是治军上一个无从回避的矛盾。

那么，该如何化解这一矛盾呢？孙子想出了极其高明的一招，即调和上下之间的矛盾，寻找双方的共同点，既满足统治者的意愿，又多少照顾普通士卒的利益，即所谓的"上下同欲"（《谋攻篇》）。

"上下同欲"按字面的理解，就是将帅和士卒间利益一致，意愿相同。其具体的内容，孙子本人并没有展开论述，我们今天也不便深文周纳，妄加揣测。但一般地说，恐怕不外乎以下几层意思：第一，统治者对战争持慎重的态度，与穷兵黩武划清界限，尽可能减少战争给民众带来的损失；第二，运用教育的手段，激发、振奋部队将士的"军心士气"，同仇敌忾，乐于公战，勇于牺牲，一往无前；第三，在精神激励的同时，利用物质利益这一杠杆，使得将士的战场表现同其物质利益直接挂起钩来，即所谓"取敌之利者，货也"（《作战篇》）；第四，军队统帅在具体指导作战行动过程中，既考虑君主的根本利益，又关心普通士卒乃至百姓的痛痒，对上负责，对下安抚。

在孙子的观念中，"上下同欲"是理兵励气、增强部队战斗力的关键，通过它，军队内部上下之间会变得团结，军队行动就会步调一致，从而进入"齐勇若一"的上乘境界。

申饬军纪，严明赏罚

孙子对整饬军纪军法的重要性是有清醒的认识，给予高度重视并身体力行的。在《计篇》中他将"法"列为"五事"中的一项，把"法令孰行"即能否贯彻法治作为判断战争胜负的重要因素之一。他认为一支军队必须有严格的组织编制，明确各级指战员的职守，一再强调："治乱，数也"（《势篇》），即军队的整治或混乱，取决于组织编制是否有序，可见孙武非常重视军队的法治建设。至于军队法治建设的重点，孙武认为是统一号令，加强纪律。他主张以金鼓旌旗来统一将士的耳目，协调部队的行动，以达到"勇者不得独进，怯者不得独退"（《军争篇》）的目的，指出这是最佳的指挥大部队作战的方法。

同时，孙子也主张在执法问题上应该做到随时变宜，灵活处置，以更好地发挥军事法纪的作用。孙子说，"施无法之赏，悬无政之令"（《九地篇》），即施行超越常规的奖赏，颁布打破常规的军令，来将军事法纪落到实处。这充分体现了孙子既讲求执法的严肃性，又注重执法的灵活性这一实事求是的态度。

孙子认为，严明赏罚乃是整饬军纪军法、发挥全军将士积极性、增强部队战斗力的最重要途径之一。在《计篇》中，他曾把"赏罚孰明"即哪一方赏罚公正严明列为预测、分析战争胜负的主要标准之一。他旗帜鲜明地指出："令之以文，齐之以武，是谓必取。"（《行军篇》）所谓"文"，就是指精神教育，物质奖励；所谓"武"，则是指军纪军法，重刑严罚，他认为只要在治军中贯彻信赏明罚的原则及其措施，就可以克敌制胜，永远立于不败之地。

孙子进而认为，对赏罚尺度的把握和运用必须适宜，切忌畸轻畸重。换句话说，必须是文武两手双管齐下，做到恩威并施，又拉又打。至于推行赏罚的时机也要恰当，具有针对性。他说："卒未亲附而罚之则不服，不服则难用也；卒已亲附而罚不行，则不可用也。"（《行军篇》）意思是说当士卒还没有亲近依附时就施行惩罚，那么他们就会不服，不服就难以使用；可当士卒已经亲附，而军纪军法仍得不到执行，那也同样无法动用他们去作战。孙子强调指出，如果出现这种情况，那么就不能造就一支真正具有战斗力的军队："爱而不能令，厚而不能使，乱而不能治，譬如骄子，不可用也。"（《地形篇》）因此，孙子主张申饬军纪、严明赏罚要从平时做起，从而收到事半功倍的效果。

严格训练，爱卒善俘

军队必须经过严格的训练，才会具有战斗力，一旦上阵，就可杀敌制胜，否则，再是庞大的军队，也等于是一群乌合之众，毫无战斗力可言，这乃是不言而喻的道理。因此，自古至今，军事训练作为军队建设的重要内容，概莫能外。

孙子对军队的训练问题是相当重视的。他主张严格练兵，提高战斗力，把"士卒孰练"即哪一方的士兵训练有素列为重要的制胜因素，提到战略的高度来认识。需要指出的是，孙子在这里所说的"士卒"，不单是今天所谓的士兵，"士"在当时是甲士或武士，也就是军官。可见孙子强调训练"士卒"，就是强调对全军官兵的严格教育训练。

在《地形篇》中，孙子通过对"兵有六败"的严肃批判，从反面进一步论证部队严格军事训练的重要性，指出部队不进行严格训练必然会招致失败，对此决不可等闲视之。六条中有三条与训练有关。一是"弛"，"卒强吏弱，曰弛"。这种军官懦弱无能而士兵强悍不驯的部队，就是缺乏训练管理、军纪弛坏的队伍。二是"陷"，"吏强卒弱，曰陷"。军官有能耐，可士兵怯懦，缺乏战斗力，这种部队打起仗来必然陷于失败。三是"乱"，"将弱不严，教道不明，吏卒无常，陈兵纵横，曰乱"。"将弱不严"，即将帅不善管理，纪律废弛；"教道不明"，

> 兵有六败，军队打败仗的六种情况，即"走""弛""陷""崩""乱""北"。

即将帅不懂得军队教育训练的规律;"吏卒无常",即官兵关系紧张,没有一定的训练管理法规;"陈兵纵横",即训练作战时,行动没有章法,几成乌合之众。孙子认为这些现象都必须努力加以克服和避免,而克服的途径,无疑是严格管理、加强训练。

为了训练出一支英勇善战的雄师劲旅,服务于新兴势力从事争霸兼并事业的政治需要,孙子积极提倡"爱兵"主张,强调要关心爱护普通士卒,认为做到"视卒如婴儿""视卒如爱子",乃是训练好部队一个不可或缺的先决条件。孙子这一"爱兵"主张的动机是很明确的,即由此而造就"上下同欲""上下一致"的良好官兵关系,保证部队达到最佳临战状态。同时,孙子还主张对敌军战俘要予以优待,争取他们改变敌对态度,为己所用,从而在削弱敌人的同时,使自己的力量变得更加强大。孙子的这一思想,较之于那种暴戾酷烈,以诛戮战俘为能事的做法,无疑具有进步性。

切论将道,首重德才

孙子认为军事指挥员各方面素质的优劣高低,在很大程度上决定着军队建设的成败、作战行动的

胜负和国家命运的安危,"故知兵之将,生民之司命,国家安危之主也。"(《作战篇》)

鉴于对将帅地位重要性的认识,孙子十分重视对将帅队伍的建设,他认为作为一名良将,必须具备突出的优良素质。这些优良素质,根据孙子的意见,就是所谓的"五德"——为将的五条标准:"智、信、仁、勇、严。"(《计篇》)孙子对良将品质的界定,乃是指为将者要做到多谋善断(智)、赏罚有信(信)、爱抚部属(仁)、勇敢能战(勇)和明法审令(严)。五者互为条件,缺一不可。这表明孙子既对将帅政治德操提出了标准,也对将帅军事才能提出了要求。其核心含义就是力求达到德才兼备、文武双全的极高境界。

以"智、信、仁、勇、严"为总纲,孙子进而对将帅立世处事的行为准则提出了严格的要求。具体地说,第一,将领要具备高尚的道德操守,置个人荣辱得失于度外,忠于国君,爱护民众。第二,将领要具备卓越的指挥才能,"知彼知己""知天知地""知迂直之计",要知阵法,识战机,而最根本的是要掌握"战道"——战争规律。足智多谋,善于临机应变,胜任自己的本职任务。第三,将领也要具备杰出的治军本领，这包括以"信""严"为本的管理手段和以"仁""勇"为核心的带兵作风。既爱兵抚士，身先士卒、以求士卒"亲附""与众相得"，又严格管理，令行禁止。总之，必须文武并用，恩威兼施，赏罚俱行。第四，在个人性格修养上，将领也要具备高度自控的能力。用孙子自己的话说，就是"将军之事，静以幽，正以治"（《九地篇》），意即沉着镇定，喜怒不露声色；为人接物公正无私，处理事务条理井然。

孙子在阐明将帅具备"五德"必要性的同时，又从反面告诫将帅要防止产生性格行为上的五种缺陷，指出它们是导致"覆军杀将"的根源："故将有五危：必死，可杀也；必生，可虏也；忿速，可侮也；廉洁，可辱也；爱民，可烦也。"（《九变篇》）由此可见，无论是死拼蛮干，还是贪生怕死，不论是急躁易怒，还是沽名钓誉，抑或不分主次姑息求全，在孙子看来，都是断断要不得的，必须坚决反对，力求避免。类似的意思，在《孙子兵法》中还有许多，孙子的这些论述进一步从反面论证了将帅修养"五德兼备"的重要性，表明他分析问题的辩证性和全面性，是值得后世治军者引以为鉴的。

为了确保将帅在战争中进行有效、灵活的指挥，孙子主张保持将权适当的集中和专一，即在作战指挥上，应由将帅根据战争的规律和具体情况来确定是打还是不打。

孙子对军事行动中瞎指挥、瞎管理、瞎监督的做法深恶痛绝，严词抨击，坚决反对国君脱离实际情况干涉部队的指挥事宜。他指出，国君危害军事行动的情况有三种：不了解军队不能前进而硬让军队前进，不了解军队不能后退而硬令军队后退，这叫作束缚军队；不了解军队的内部事务，而去干预军队的行政，就会使得将士迷惑；不懂得军事的权宜机变，而去干涉军队的指挥，就会使得将士产生疑虑。孙子认为，一旦发生这类情况，敌人便会趁机进犯，灾难不可避免，这叫作"乱军引胜"。孙子进而指出，一支军队要强大有力，战胜敌人，夺取胜利，重要的前提条件之一，便是必须真正做到"将能而君不御"。正是在这个意义上，孙子不遗余力地强调"君命有所不受"，并把它肯定为一条重要的原则，用于指导处理复杂的君将关系。

第六章
见证沙场：《孙子兵法》与历代战争

唐代杜牧在其《注孙子序》中说："孙武所著十三篇，自武死后几千载，将兵者，有成者，有败者。勘其事迹，皆与武所著书一相抵当，犹印圈模刻，一无差跌。"此话虽不免有些绝对化，但古往今来为将者莫不视孙武为兵学鼻祖，其《孙子兵法》为"兵经"，重视其实战功效，这的的确确是事实。战争无论胜负，我们大都可以从《孙子兵法》中找到原因。

"先计后战"的无穷魅力

韩信的"汉中对"

楚汉战争爆发前夕，僻处汉中、巴蜀一隅的刘邦处于战略上的劣势地位。如何摆脱被动，扭转己方在与项羽对峙中的战略劣势，逐鹿中原，赢得对天下的统治权，成为刘邦朝思暮想的最大心事。正在他计无所出、进退维谷的困难时期，韩信给他送上了一剂治愈这一心病的良药，这就是著名的"汉中对"。

韩信指出，项羽虽然"勇悍仁强"，但他的"勇"，乃是只知道冲冲杀杀的匹夫之勇；他的"仁"，乃是婆婆妈妈的"妇人之仁"；他的"强"，乃是没有根基，单凭暴力的"强"。总而言之，项羽的强大只不过是表面的，骨子里其实很虚弱。反观刘邦，只要能反项羽之道而行之，任用天下的英雄豪杰，厚待重赏功臣宿将，利用麾下汉军将士渴望东归故土的心理，并凭借政治上"除秦苛法，与秦民约法三章"（《史记·淮阴侯列传》），得到广大民众拥戴的优势，就可以平定关中地区，占据战略重地，进而逐鹿于中原，得志于天下。韩信的算计和建议让长期压在刘邦心头的阴霾一扫而光。于是他采纳韩信的策略，"明修栈道，暗度陈仓"，一举攻占关中，并经过数年的征战，转弱为强，最终大破楚军于垓下（今安徽灵璧东南，垓 gāi），迫使曾经不

韩信石像

韩信，淮阴（今江苏淮安）人，西汉开国功臣、军事家、汉初三杰之一。

明修栈道

可一世的西楚霸王项羽自刎于乌江之畔,夺取了楚汉战争的胜利,建立起强盛的西汉王朝。由此可见,孙子"多算胜,少算不胜"的论断,确实是至理名言。

东汉末年曹操抗击袁绍的官渡之战

东汉末年,在黄河南北的广大地区逐渐形成了袁绍、曹操两大军事集团。两雄不能并立,双方的决战宛如箭在弦上,势在必行。到了汉献帝建安四年(公元199年)左右,袁绍已经基本占有了黄河以北的全部地区。拥兵数十万,麾下谋士成群,猛将如云,处于进可以攻,退可以守的有利战略地位。他踌躇满志,顾盼自雄,决定同曹操豪赌一把,遂集结起冀、并、幽、青诸州十万精兵，计划实施南下进攻曹操大本营——许昌的方案，以实现其吞并中原的目的。这一消息传到许昌，曹操不敢怠慢，马上召集部将商议，认真计算，运筹帷幄，来制定应付袁绍进犯的具体对策。曹操胸有成竹，一针见血指出袁绍一方的致命弱点：袁绍志大而缺乏智谋，色厉而胆略不足，猜忌而没有威望，兵多而不善指挥，将骄而各存私心，土地和粮食虽多，但都是为我所准备的，不过是我们的"运输大队长"罢了。谋士荀彧也接着指出：袁绍兵员虽多但不整治，谋士田丰刚而犯上，许攸贪而不治，武将审配专而无谋，逢纪刚而自用，这些人势不相容，必生内变。大将颜良、文丑，匹夫之勇，可以一战而擒杀！

曹操石像

曹操，字孟德，谥号武皇帝（魏武帝），沛国谯县（今安徽亳州）人。东汉末年杰出的政治家、军事家、文学家、书法家，曹魏政权的奠基人。

曹操和他的部属们从双方主帅、将领、政策、武器装备、士兵素质、组织纪律，以至赏罚等各个方面做了详尽的对比分析后，一致预测出这样的结论：整个形势有利于自己一方而不利于对手袁绍。在这一战略预测的基础上，曹操最后果断做出决定：集中兵力，抗击袁绍来势汹汹的进攻。这样就拉开了官渡决战的帷幕。在战争过程中，曹操根据既定的战略决策，灵活主动地打击敌人，通过乌巢烧粮的奇招，一举掌握作战的主动权，终于夺取这场战略决战的胜利，进而统一了北方中原地区。显而易见，曹操在官渡之战中笑到最后，是他遵循孙子"五事七计"战略预测和运筹思想的精神，在战前算得精细，算得高明的自然结果。

"正合奇胜"，长平之战的永恒启迪

长平之战发生在公元前260年，是秦、赵之间的一次战略决战。在战争中，秦军上下贯彻正确的战略指导，采用灵活多变的战术，一举歼灭赵军约45万人，开创了我国历史上时间最早、规模最大的包围歼灭战先例。

公元前260年，秦昭襄王派遣大将王龁（hé）领兵攻打刚刚降赵的上党郡，与赵军主力对峙于长平（今山西高平）一线。赵军主帅廉颇深沟坚壁，固守不出，以逸待劳，消磨秦军锐气。秦军远道奔袭，客地作战，急求速决，不间断地向赵军骂阵挑战，无奈老将廉颇"任凭风浪起，稳坐钓鱼船"，沉着应对，岿然不动。

秦相范雎（jū）遂行离间之计，派间谍向赵国权臣郭开贿赂黄金千斤，挑拨赵王换帅，改任赵奢

廉颇，嬴姓，廉氏，名颇，一说字洪野，中山苦陉（今河北定州）人。战国末期赵国名将，与白起、王翦、李牧并称"战国四大名将"。

之子赵括为主帅。秦方深知赵括只会"纸上谈兵"，又好大喜功，对方用他替换廉颇，此役其实已经胜了一半。同时，秦昭襄王也相应调整了自己的军事部署，任命名将白起为上将军，秘密派往前线担任总指挥，并且严令军中保密，"有敢泄武安君将者，斩"，把骄傲自大的赵括蒙在鼓里。

针对赵括立功心切又鲁莽轻敌的弱点，白起制定了诱敌设伏、分割围歼的作战方针。赵括就任后，一改廉颇防守的战略，主动向秦军大举进攻。秦军将计就计，诈败后撤，赵括不知是计，挥师尾追，直抵秦垒，受阻于坚壁之下，被白起预先埋伏于两侧的两万五千奇兵截断退路，另外五千骑兵则切断了赵军大营留守部队与其主力之间的联系，将赵军分割包围。赵括只得构筑临时工事，苦守待援。秦昭襄王获知白起得手，亲到河北，征发十五岁以上男子入伍，悉数送往长平前线，阻绝赵军的援兵及粮道。赵军前后饥饿四十余天，断水绝粮，杀人而食。赵括在绝望中分兵四队突围，均告失败，自己也被乱箭射死。赵军丧失主帅，斗志全无，四十余万饥疲之师全部解甲投降，为白起坑杀殆尽。这场空前残酷的血战于是以秦军的彻底胜利

白起，白氏，名起，郿邑（今陕西眉县）人。战国时期秦国名将，杰出的军事家，"兵家"代表人物。

赵括兵败

长平之战尸骨坑

而宣告终结。

在这场关系到战国晚期战略格局演变趋势的决定性战役中，秦国最高统帅部的正确战略和高明指挥，使得秦军具备了战胜赵军这个强劲对手的可能。而"战神"白起的杰出用兵艺术，则使得这种可能性顺利转化为现实。身为秦军主帅的白起指挥若定，用兵如神，"以正合，以奇胜"，使秦军"必受敌而无败"。在整个作战过程中，白起善于"造势""任势""其势险，其节短"，控御战场局面到了炉火纯青的境界。他通过后撤退却制造假象，引诱赵军主力脱离大营，轻易出击，而自己则严密部署，"以卒待之"，实施正面相持，从侧翼及时投入精锐奇兵分割包围对手，并用轻骑阻隔赵军主力与其大营之间的一切联系，将赵军水泄不通地包围起来，最后一举聚歼赵军。而秦昭王在关键时刻任命白起为主帅，也做到了知人善任，"择人而任势"，为秦军的取胜提供了保证。经此一战，秦国制服了关东六国中最后一个有实力的对手，为秦国日后统一全国扫除了障碍。从这个意义上说，长平之战无愧为中国历史上最具经典意义的战例之一，曾在沙场上淋漓尽致地再现了孙子"造势""任势"理论的风采神韵和无穷魅力。

"兵不厌诈",德国闪击波兰的历史教训

第二次世界大战中德国法西斯闪击波兰,一举成功。撇开其战争的非正义性质不说,德军在战略指导与作战指挥上,与孙子的"造势""任势"原理确有惊人的相似之处。

闪击波兰,是希特勒发动第二次世界大战的序战,在世界战争史上具有特别突出的意义。希特勒同历史上的诸多战略家一样,极为重视序战的准备和实施。1939年4月,希特勒就正式批准了闪击波兰的"白色方案",并下达了进入直接战争准备的命令。为了隐蔽自己不可告人的战略企图,希特勒在政治、军事、外交上全方位展开了战略欺骗,示假隐真,麻痹波兰当局以及其盟友英、法等国。在"和平""友好"烟幕的巧妙掩护下,武装到牙齿的德军以"秋季演习""野营训练""召开庆祝大会"等名目为幌子,神不知鬼不觉地完成了闪击波兰的战略集中与展开,为达到战略进攻的突然性创造了条件。这可谓是孙子"示形"作战理论在近现代战争活动中的典型翻版。

在具体实施闪击波兰的作战方案时,希特勒和他的统帅部大本营成员们又十分坚决地贯彻了三条基本的作战原则:

第一，集中优势兵力，以主力参加首次战略突击。德军在展开闪击波兰军事行动时，共拥有101个陆军师、4000余架作战飞机。除留出39个师分别部署在德国同法、卢、比、荷四国的边境附近担负防御任务和在占领国留守外，他们集中起62个师用于闪击波兰，而又以这些部队的主力参加首次战略突袭行动。这样一来，当德国法西斯陆、海、空三军铺天盖地，犹如决了堤坝的洪水一般涌入波兰时，拘泥于陈旧常规战法，沿国境线一带配置部署的波兰军队，便完全丧失了抵抗的能力，迅速全线崩溃。

第二，发起大规模突然空袭，迅速击垮波兰军队的指挥、动员、交通体系。规模空前、猛烈突然的空袭，是德军从战争伊始就夺取战略主动权和保持战略优势的主要手段。德国空军集中起2000多架飞机，对波兰全国实施铺天盖地的战略空袭，一口气摧毁了波兰的主要机场和作战飞机，夺得了制空权，完全打乱了波兰军队的指挥、通信体系，使波军成了聋子、瞎子和哑巴，同时彻底瘫痪了对手的交通体系，破坏了波兰的动员体系，使波兰的战争动员计划仅仅执行一天，便在战争爆发的当日遭到扼杀，致使波军40个师、22个旅只有不到半数的部队在缺员严重、装备不齐的

德军拆除德波边界的隔离墙

情况下仓促上阵,严重地影响了波军战斗力的正常发挥。

第三,"飞行炮"与"锋刀"密切配合,实施不间断的快速机动和凶猛进攻,乘胜追击,扩大战果,一举而克。把强大航空兵的空中迅猛突击当作"飞行炮",有力地支援陆军的"锋刀"——坦克集群,实施不间息的高速进攻,是德军闪击波兰之战中的又一个显著特点。当时德军统帅部高度重视法国军事学家富勒的"装甲战"理论,并把它全面应用于大规模实战,他们将仅有的七个坦克机械化师、四个摩托化师混编组成四个坦克军,全部用于闪击波兰。作为主要突击集团的"锋刀",在"飞行炮"的有力支援下,引导步兵军团实施高速进攻,仅仅八天时间就逼近波兰首都华沙。军事思想陈旧落后,缺乏防空和反坦克兵器的波军,面对德军这种"以碣投卵"式的凶猛突击，束手无策，一筹莫展，万般绝望之下，竟然用骑兵集团向无坚不摧的德军坦克兵团进行反击，以人、马的血肉之躯与坦克这种钢铁巨兽厮杀，上演了用"鸡蛋碰石头"的悲剧。

德军进抵华沙市郊

由于德军采用了上述三项作战原则，而波军又根本找不到任何应对之策，这场战事甫起，波兰全国上下即陷于一片混乱，波军节节败退，一溃千里，不到 27 天即全军覆灭。波兰作为一个国家，也在短短 32 天内亡国。

德军在华沙街道巡逻

从德军闪击波兰的战略部署与作战指导中，我们可以发现，它完全可以用来诠释孙子"势"论在现当代战争中的价值与意义。德军主力全线压上，空中突袭与陆军坦克集团配合默契，是所谓"奇正之变""奇正相生""兵之所加，如以碣投卵者"，是充分的"造势"和"任势"。而德军猛烈的空袭，排山倒海、不容间息的进攻，则犹如孙子所说"其势险，其节短""激水之疾，至于漂石"，勇往而直前，无坚而不摧。

"众寡分合"，萨尔浒之战的精彩一页

在中国古代战争史上，战争指导者遵循孙子"众

努尔哈赤画像

后金（1616年—1636年），是女真人努尔哈赤在东北地区建立的政权，清朝的前身。

寡之用"的原则，善于集中兵力、以镒称铢、避实击虚、化弱为强而打胜仗的情况不胜枚举。后金开创者努尔哈赤大汗勇破明军的萨尔浒之战，就是其中非常典型的一例。

明朝后期，女真人在白山黑水之间悄悄兴起，他们在自己杰出的领袖努尔哈赤的统率下，初建政权、发展实力，渐渐成了气候，开始对明王朝构成一定的威胁。明王朝意识到了这种危险，就想通过武力手段将后金这个地方政权扼杀于摇篮之中。

明神宗万历四十七年（公元1619年）二月，明辽东经略杨镐指挥二十万大军，兵分四路，浩浩荡荡、气势汹汹地向后金政权的都城——赫图阿拉（今辽宁新宾）合围而来，企图一举荡平后金势力。当时努尔哈赤麾下的后金八旗兵马仅有六万之众，与来犯的明军相比，众寡悬殊自不待言，处境危急一目了然。然而，努尔哈赤却临危不惧，从容镇定，掷地有声说出一句名言："凭尔几路来，我只一路去。"决心用高度集中兵力的策略，避实击虚，快速机动，各个击破来犯明军。

三月初一，努尔哈赤设伏于萨尔浒（今辽宁抚顺东）山谷，首先一举歼灭了突出冒进的杜松所率

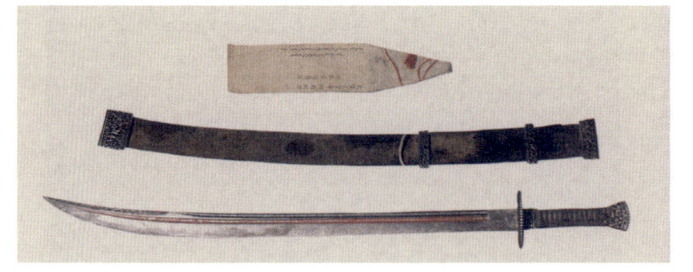

努尔哈赤宝刀

明军主力西路军。接着,连夜转移兵力,于第二天早晨将进抵萨尔浒山西北的明北路马林军分割包围,痛加聚歼。尔后,努尔哈赤迅速移兵南下,采取诱敌轻进、设伏伺击的打法,对推进至北距赫图阿拉五十里处的明南路军刘綎给予毁灭性的打击,并逼降了协同明南路军作战的朝鲜李氏王朝的部队。明军总指挥杨镐见势不妙,赶紧下令行动迟缓的明西南路军李如柏部掉转马头,火速撤退,才免遭全军覆没的结果。

后金八旗劲旅之所以取得萨尔浒之战的辉煌胜利,关键就在于其统帅努尔哈赤领会了孙子"众寡""分合"思想的精髓,坚定不移地贯彻了"我只一路去"的原则,高度集中兵力,神速机动,各个聚歼。这一史例,从一个侧面显示了孙子集中兵力、避实击虚、以镒称铢作战指导原则的强大生命力。

第七章
观诸兵书,无出孙武:
《孙子兵法》的地位与影响

泽惠千秋,功昭日月

《四库全书总目提要》称誉《孙子兵法》为"兵经""百代谈兵之祖"。明代兵书《投笔肤谈》认为:"《七书》之中,惟《孙子》纯粹,书仅十三篇,而用兵之法悉备。"《孙子兵法》堪称古代军事理论的集大成者,构筑了古典军事理论的框架,使后世许多兵学家难以逾越。

孙武及其《孙子兵法》在中国古代军事思想史上历史地位的确立,有一个比较长的历史过程。战国时期,孙武的英名即为世人所称颂,成为人们最

《四库全书总目》,又称《四库全书总目提要》,共二百卷,是清代纪昀(yún)等编纂的一部大型解题书目,是中国古典目录学方法的集大成者,也是现有最大的一部传统目录书。

崇拜的军事家之一。至于《孙子兵法》一书也已在社会上广为流传。《韩非子·五蠹》尝言:"今境内皆言兵,藏孙、吴之书者家有之。"由此可以想见当时人们学习孙武兵法的盛况。

西汉初年,著名的军事家张良、韩信"序次兵法,凡百八十二家,删取要用,定著三十五家"。汉武帝时,命令"军政杨仆捃摭遗逸,纪奏《兵录》"。到汉成帝时,朝廷责成步兵校尉任宏校理兵书,"任宏论次兵书为四种"。这里的"四种",实际指兵书的四大类:兵权谋家、兵形势家、兵阴阳家、兵技巧家。《孙子兵法》作为"兵权谋家"之一,在当时最受尊重,流传最广。史载汉武帝曾教其爱将霍去病学"孙、吴兵法";韩信、赵充国、冯奉世、冯异等名将以及《淮南子》《论衡》等典籍也辄引《孙子兵法》诸言作为自己立说的依据。所以司马迁曾不无感慨地指出:"世俗所称师旅,皆道孙子十三篇。"1972年在山东临沂银雀山一座西汉墓中,发现了迄今所能见到的最早的《孙子兵法》竹简;1978年,在青海大通上孙寨一座西汉墓中,也发现了《孙子兵法》的木简。由此从考古实物资料的角度,印证了文献关于《孙子兵法》在秦汉时期广泛流传

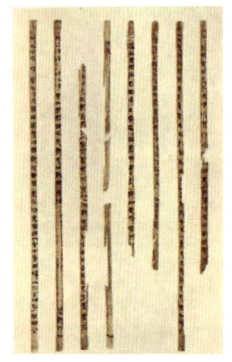

银雀山汉墓
《孙子兵法》竹简

的记载的可信性。

秦汉以降,《孙子兵法》的地位更是日见崇高,这主要反映为:

一、社会上普遍重视和学习《孙子兵法》。早在东汉时期,朝廷就曾做出规定:"立秋之日……兵官皆肄孙、吴《兵法》、六十四阵,名曰乘之。"三国时期的孙权曾教其大将吕蒙、蒋钦"疾读《孙子》"。南北朝时期,人们对《孙子兵法》的兴趣也有增无减。如《梁书·羊侃传》称羊侃"尤好……孙、吴兵法"。北宋神宗元丰年间,统治者鉴于国势衰弱、边患迭至的实际情况,组织人力整理编纂兵书,从我国北宋以前浩繁的兵书中遴选出以《孙子兵法》为首,包括《司马法》《尉缭子》《吴子》《六韬》《三略》《唐李问对》在内的七部兵书,号为"武经七书",颁行武学,培养将才。南宋高宗时,亦指定"武经七书"为选拔将领的主要考试内容。从此《孙

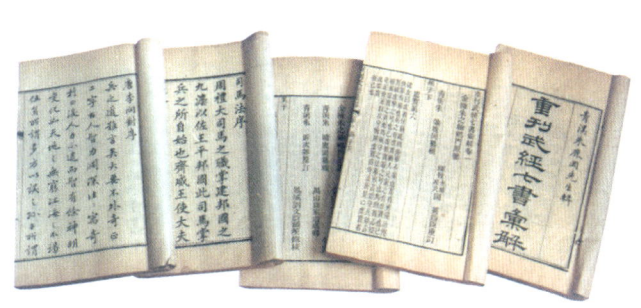

"武经七书"书影

子兵法》被确定为官方军事理论的经典。

二、对《孙子兵法》的肯定和赞誉史不绝书。三国时期,曹操曾云:"吾观兵书战策多矣,孙武所著深矣!"与曹操差不多同时期的蜀相诸葛亮也说:"战非孙武之谋,无以出其计远。"唐太宗李世民对《孙子兵法》更是推崇备至,曾由衷地反复赞叹:"深乎,孙武之言!""朕观诸兵书,无出孙武!"宋代王安石指出:"但用孙武一二言,即可成功名。"明代抗倭名将戚继光赞美《孙子兵法》道:"孙武之法,纲领精微,为莫加焉。"

唐太宗画像

三、《孙子兵法》注者蜂起,广为印行。曹操是历史上第一位恢复"十三篇"本来面目并为其作注的人。唐宋时期为《孙子兵法》作注进入了新的阶段,出现多种单注本、集注本和合注本。明清两代,《孙子兵法》的注本更是层出不穷,数量繁复。据不完全统计,历代为《孙子兵法》作注者近二百家,注本流传的也有七十余家。

戚继光石像

《孙子兵法》对后世军事理论的影响,主要有下列几点:

第一,袭用和征引《孙子兵法》文字和句意,作为自己兵学理论依据的现象非常普遍。兵学家在

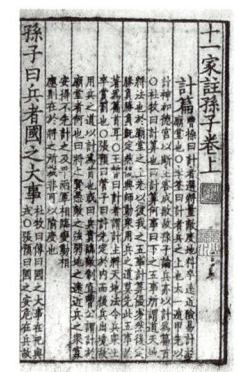

曹操注解《孙子兵法》

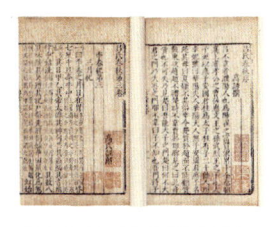

《吕氏春秋》书影

军事著作中征引《孙子兵法》文句的,可以举出《孙膑兵法》《尉缭子》《战国策》《吕氏春秋》《淮南子》等等。至于唐代的《唐李问对》,明代的《投笔肤谈》等等,更是或全书、或某篇发挥《孙子兵法》以树立自己的学术观点。

第二,对《孙子兵法》提出的基本军事范畴的继承和发展。《孙子兵法》在军事理论建树上的突出成就之一,是基本形成了一整套独特的反映军事理论认识对象的范畴,诸如"虚实""奇正""主客""形势"等等。后世兵家在构筑自己的兵学体系的过程中,无不借用这些基本军事范畴来阐述自己的思想。同时,他们也根据新的历史条件,借鉴历史上的战争经验,丰富和发展孙子所规定的军事范畴。

第三,对后世兵书编撰风格和体裁的广泛影响。《孙子兵法》阐述兵理极具特色,突出的特点是舍事而言理、词约而意丰,具有高度的哲理色彩和抽象性质。后世兵书祖述《孙子》,很自然形成了以哲理谈兵的历史传统。在编撰形式上,后世兵书亦不乏模仿效法《孙子兵法》体例者,如《投笔肤谈》即"仿《孙子》遗旨,出一隙之管窥,谬成十三篇"。

进入近现代以来,尽管社会性质发生了重大的孙中山手书"天下为公"

改变，战争方式也有了新的变化，但《孙子兵法》所揭示的基本军事原理，却依旧葆有青春，具有重要的借鉴、应用价值，因此受到不同阶级、不同阶层的军事家高度重视。这从洪秀全、丁日昌、郑观应、蔡锷乃至曾国藩、胡林翼等人对孙武的推崇和对《孙子兵法》的运用中，都可以略窥一斑。至于近代革命的先行者孙中山先生更将《孙子兵法》看成是中国军事哲学的奠基著作，而给予极高的评价："二千多年前的兵书，有十三篇，那十三篇兵书便是解释当时的战理。由于那十三篇兵书，便成立中国的军事哲学。"

真正做到批判继承《孙子兵法》思想精华，并把它创造性应用于中国革命实践的，是以毛泽东为代表的无产阶级革命家。毛泽东最注重总结、继承前人的有益经验，并能结合新的形势和条件加以创造性的发展。在研究和运用《孙子兵法》方面，同

> 孙中山，名文，字载之，号日新，又号逸仙，伟大的民族英雄、伟大的爱国主义者、中国民主革命的伟大先驱，中华民国和中国国民党的缔造者，三民主义的倡导者。

样体现了他这种伟大革命家、思想家的特点。他高度重视《孙子兵法》，指出："中国古代大军事家孙武子书上'知彼知己，百战不殆'这句话，是包括学习和使用两个阶段说的，包括认识世界中的发展规律，并按照这些规律，去决定自己的行动克服当前敌人而说的，我们不要看轻这句话。"又说："孙子的规律，乃至今天仍是科学的真理。"观察他的军事著作和指导中国革命战争的实践，可知毛泽东对孙武思想的掌握和运用，已达到了炉火纯青、出神入化的境界，这标志着中国军事思想水平达到了前所未有的高度。

其他无产阶级革命家，如刘伯承元帅等人，对《孙子兵法》也有非常精深的研究，十分透彻的理解，并把其中具有生命力的原则创造性运用于革命战争实践，因而享有"论兵新孙、吴"的盛誉。

"前孙子者，孙子不遗；后孙子者，不能遗孙子。"明人茅元仪的这句话，极为贴切而又深刻地概括了孙武及其《孙子兵法》在中国军事思想史上的崇高地位及其深远影响。

名播东瀛，誉满欧美

优秀的文化，既是民族的，也是世界的。孙子的军事思想揭示了战争活动的某些内在规律，在一定程度上具有普遍的启迪意义和适用性质。因此，不仅受到中国军事家的推崇，也得到异域他乡各色人等的青睐。换言之，孙武的大名早已远播天下，《孙子兵法》的影响早已越出国界，成为世界人民共同的精神文化财富。

公元 734 年，中国盛唐玄宗统治期间，一位名叫吉备真备的日本遣唐留学生，结束了一十八年的寒窗苦读留学生涯，辞别大陆，返回日本列岛。在他鼓鼓的行囊中，装满了他精心搜集的中华文化典籍，其中就有一册《孙子兵法》。这是《孙子兵法》走出国门，流向世界的开始。

吉备真备回到日本后，即开始亲授《孙子兵

吉备真备画像

吉备真备，原名下道真备，出生于备中国下道郡（今日本冈山县），日本奈良时代的学者、政治家，曾两次出任遣唐使，著有《私教类聚》50 卷。

吉备真备纪念碑

法·九地篇》。孙子博大精深的理论，益人心智的思想，在日本这个狭小的岛国上引起不小的震撼。人们对此趋之若鹜，潜心研读，使得《孙子兵法》在这个岛国上迅速地普及开来。到了德川家纲时期(1651年—1680年在位)，日本开始出现《孙子兵法》的日译本，更有力地推动了《孙子兵法》的普及和研究。据不完全统计，《孙子兵法》自传入日本之后，各种注释、串讲、研究的著作近两百种。这个善于吸收、消化外来文化的民族，从对《孙子兵法》的学习和借鉴中获得惊人的效益，并先后在孙子兵学的影响下形成了立足日本国情，各具鲜明特色的武学流派，其中包括林罗山、北条氏长、山鹿素行、吉田松阴等等。日本人饮水思源，不忘孙子兵学的教导，将孙武尊称为"兵圣""东方兵学的鼻祖"，将《孙子兵法》一书敬奉为"兵经""武经之冠冕"。

　　《孙子兵法》传入西方世界则要归功于一位名叫约瑟夫·阿米欧的法国神父。1772年，他在法国巴黎翻译出版了法文版《中国军事艺术》丛书，其中就收有《孙子兵法》。这一创举恰好印证了这条规律，即文化的传播从来都是双向的，当阿米欧神父将基督的声音传送到遥远神秘的中华大地的同时，也把中国的优秀思想文化带回到基督的故乡。

自阿米欧神父迈出第一步之后，欧美大地上《孙子兵法》的译本渐渐增多了起来。1905年，英国人卡托普的《孙子兵法》英译本在日本东京出版，三年后，其书又在伦敦广为重印。1910年在英国伦敦隆重推出了由著名汉学家贾尔斯精心翻译的《〈孙子兵法〉，世界最古之兵书》。由于英文是国际间最通行的语言，随着大量英译本的问世，《孙子兵法》迅速走入了西方人的生活。在贾尔斯英译本问世的同年，由布鲁诺·纳瓦拉翻译的德文《〈孙子兵法〉——中国的武经》在克劳塞维茨的故乡出版。而早在1860年，广袤而寒冷的俄罗斯大地上，也出现了由斯列兹涅夫斯基翻译的俄文本《孙子兵法》。据不完全的统计，目前《孙子兵法》已被译成二十余种外文，真可谓琳琅满目，美不胜收。这表明《孙子兵法》得到广泛流传，受到普遍推崇，这是《孙子兵法》的光荣，也是中华民族的骄傲。

《孙子兵法》外文译本

《孙子兵法》在海外的广泛影响，当然最主要还是体现在军事斗争的领域上。无论是东邻日本，还是欧美国家，那里的军事家都在军事理论建树上和军事实践尝试中借鉴和运用这部古老而生命力旺盛的兵书。

在海湾战争、英阿马岛之战、美军入侵巴拿马、格林纳达之役中，我们都可以看到活跃在火线上的《孙子兵法》，看到《孙子兵法》的制胜原理一遍又一遍得到现代战争的印证。

现在让我们再来巡视一下美国等国家在总结战争经验、发展现代军事理论方面，是如何高度重视和认真借鉴《孙子兵法》的基本思想原理的。

这首先表现为《孙子兵法》已被世界上不少国家列为其军校的必修科目。美国在这方面可以称之为典型。美国著名大学中，凡教授战略学、军事课程的，大多都将《孙子兵法》列作必修课，如美国西点军校、安纳波利斯美国海军学院、科罗拉多美国空军学院、美国武装部队参谋学院等著名军事院校都将《孙子兵法》列为军官们的必修课。苏联在第二次世界大战中也曾根据伏罗希洛夫学院的建议，将《孙子兵法》列为军事学术史教学与研究的重要内容。

其次，这表现为各国军事家按照《孙子兵法》所揭示的原理，来考察、总结自己战争实践活动的得与失。如美国前任陆军参谋长、驻越南侵略军司

> 英阿马岛之战，又称马岛战争，是1982年4月到6月间，英国和阿根廷为争夺马尔维纳斯群岛（英国称"福克兰群岛"）的主权而爆发的一场战争。

令威斯特摩兰在自己那部题为《一个军人的报告》著作中,对照孙子的理论,检讨了美军陷身于越南战场的严重错误,提出美军应该撤出越南的意见。再如《大战略》一书的作者、美国著名学者柯林斯,也在深刻领会孙子精谛的情况下,提醒美国忽视了孙子"上兵伐谋"的忠告,愚蠢地投入了越南战争这片泥沼而不能自拔。

第三,这也表现为西方军事理论家在构筑现代军事理论体系时,从《孙子兵法》那里受到启迪、获得教益。如英国著名军事学家利德尔·哈特在所著《战略论》的卷首,摘引了二十一条古往今来军事家的语录,其中第一至十五条都摘自《孙子兵法》,他尤其称赞孙子"不战而屈人之兵"的全胜思想,将它推崇为"最完美的战略"。受孙子这一思想的启发,他创建了自己颇具特色的"间接路线"战略观点,使西方军事战略思想开始从单纯注重实力朝注重实力与运用智谋相结合的方向发展。

利德尔·哈特

可以预料,随着世界性文化交流的加强,《孙子兵法》一定会以更豪迈的气魄走向世界各地,在现代军事理论建树方面扮演更为重要的角色。

超越军事，应用各界

《孙子兵法》虽是一部军事学著作，可它同时又是一部最纯粹的哲学经典。而哲学的本质属性乃是在于对人类社会活动基本规律的揭示。既然是规律性的，那么就是具有普遍意义的。换言之，孙子思想的影响力不会仅仅囿于军事领域，而势必奇迹般地渗透到其他社会生活领域，尤其是席卷那些以智谋角逐为特点的行业。

在哲学思想发展史上，《孙子兵法》包含有丰富的朴素唯物论和辩证法思想，成为中国古代辩证法的源头之一。《孙子兵法》中许多矛盾概念如"奇正""虚实""动静""主客"等，丰富了古代的哲学范畴。同时，《孙子兵法》"舍事言理"的思维模式，也与诸子（《老子》例外）说理广征博引典故与史实有异，体现了形而上的逻辑思辨特色。

《孙子兵法》的基本原理也为古代商业经营活动所借鉴。《史记·货殖列传》记载："白圭乐观时变，故人弃我取，人取我与。"所谓"人弃我取，人取我与"，实际上就是《孙子兵法》"致人而不致于人""避实而击虚"等原则的商业衍化。只是

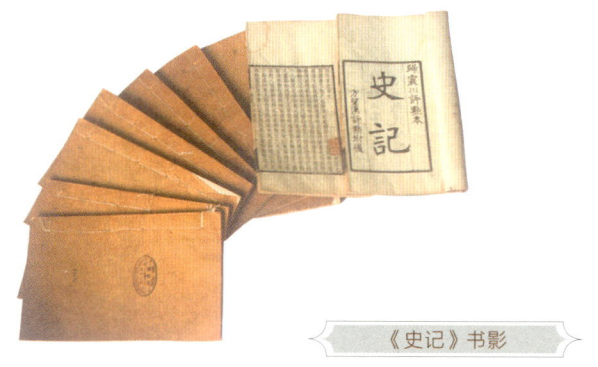

《史记》书影

由于历史上封建统治者推行"崇本抑末"政策,《孙子兵法》在商战中的运用才没有普遍化和理论化。

在中医学领域,孙子思想的影响同样可以见到。清初名医徐大椿在其所著的《医学源流论·用药如用兵论》中说:"兵之设也以除暴,不得已而后兴;药之设也以攻疾,亦不得已而后用,其道同也。"他列举了很多实例,说明医疗上如何运用孙子"知彼知己"和"兵因敌而制胜"等原则,并最后总结说:"孙武子十三篇,治病之法尽之矣。"

名医徐大椿画像

《孙子兵法》文采斐然,对后世文学语言艺术的影响亦极为深远。南朝刘勰赞誉它"辞若珠玉"。宋代郑厚在《艺圃折衷》中认为:"孙子十三篇,不惟武人之根本,文士亦当尽心焉。其词约而缛,易而深,畅而可用,《论语》《易》《大传》之流,孟、荀、杨著书皆不及也。"这种文学成就对后人

刘勰,字彦和,东莞郡莒县(今山东莒县)人。南朝梁时期大臣,文学理论家、文学批评家,著有《文心雕龙》。

行文的影响，同样为人们所重视。宋代严羽指出："少陵诗法如孙武。"清代林纾在《春觉斋论文》中亦通过对"也"字用法的剖析，阐述了"十三篇"句法用词对后世文章章法的影响。

在现代中国，各行各业有识之士对孙子思想的重视和借鉴更是方兴未艾，蔚为成风。

的确，竞争就是战争，商场犹如战场，这条亘古常新的道理，正为更多的人所认识和推崇。尤其当改革的大潮从这片诞生过文圣与兵圣的黄土地上滚滚涌起，面对着商品经济与市场竞争的激烈挑战，有远见的中国企业家们也执着于从兵家谋略思想中受到启发，探求企业管理与商业经营之道。这首先表现为用孙子"知彼知己""因利而动"思想指导经营决策；其次表现为运用孙子"上下同欲""令之以文，齐之以武""将能而君不御"等思想开展生产管理；最后还表现为运用孙子"兵者诡道""以奇胜""兵之情主速"等原则应付市场竞争。

与此相适应，是各式各样关于《孙子兵法》与企业管理方面的讲习班、研讨会雨后春笋般涌现，人们对此趋之若鹜，场场爆满。形形色色的有关这方面的书籍、论文宛如过江之鲫充斥于大街小巷的书肆，刊登于厚厚薄薄的学术刊物，人们对此如饥似渴，一睹为快。

日本和欧美诸国，近几十年来在将《孙子兵法》基本原理广泛应用于社会日常生活领域方面，所取得的成绩也让人为之瞩目。在政治外交斗争领域中，《孙子兵法》的"伐谋""伐交"思想，给政治领袖和外交官们以很大的启迪和教益，从而制定出一个个高屋建瓴的老谋深算的政治战略，演出一幕幕复杂精彩、纵横捭阖的外交活剧，尼克松、布热津斯基等人就是这方面的代表。

在企业管理、商业经营方面，孙子的思想也极大地启发了那些经营管理者的智慧，使他们在事业上如虎添翼，大显身手。

日本人极其富有经济头脑，《孙子兵法》备受他们的青睐。这一点上他们倒是非常坦率，曾直言不讳地承认：日本企业的生存与发展，靠的是两个轮子。在生产经营景气时期，使用美国的现代管理方法这个轮子；而在生产经营的逆境之中，则使用中国古典谋略，尤其是《孙子兵法》这个轮子。这方面最显著的例子莫过于大桥武夫。他认真学习和研究《孙子兵法》，深刻领会其精神实质，从中寻

美国前总统尼克松

兹比格涅夫·卡济米尔兹·布热津斯基，波兰犹太裔美国人，作家，民主党人，美国前总统卡特的国家安全顾问，美国著名地缘战略理论家。

找到企业经营制胜的秘诀,用以指导经济活动,结果取得了惊人的效益。更令人为之赞叹不已的是,他将自己借鉴运用《孙子兵法》谋略的种种心得,付诸文字,写就了一部《兵法经营学全书》。其书一出版,立即风靡了整个日本。

美国人素来以傲慢自大、不可一世著称,无与伦比的雄厚经济实力,使得他们具备傲慢自尊的资格。可是在短短六千言的《孙子兵法》跟前,他们却收敛了自己的傲慢之态,变得相当的虚心了。可不是嘛!那位著名的管理学家乔治不就这样向人们发出忠告,"你想成为管理人才吗?那就必须去读《孙子兵法》";而以工商管理学最高学府自居的哈佛大学商业管理学院,也这样严肃告诫它的学生:不研究《孙子兵法》,就不能成为真正的现代管理者。

总之,《孙子兵法》基本原理可以与现代社会生活紧密结合,《孙子兵法》超越军事,应用广泛,效益显著,业已成为世界上许多人的共识,这乃是不容争辩的客观事实。所以,日本学者尾川敬二在所著的《孙子论讲》中坦陈道,孙子的某些名言"可以作为处世的训条";在日常各种带竞赛性质的社会活动中,孙子的许多警句,乃是制胜上的"诀窍"。

另一位名叫北村佳逸的日本人说得还要决绝,他在所著的《孙子解说》中言之凿凿地宣称:"自第二次世界大战,以致围棋胜败,垒球比赛,投机输赢,选举活动,甚至夫妻吵架——若能把握《孙子兵法》的神髓,我敢断然保证其必胜无疑。"此言虽然说得有些太绝对化,可是却多少道出了《孙子兵法》在社会日常生活中得到普遍借鉴应用的部分事实,同时也有力地预示着孙子思想进一步走向社会其他领域的广阔前景!

岁月飞逝,风流云散,斗转星移,沧海桑田,人类已进入了高科技的时代,过去所发生的一切仿佛离我们越来越远,远得几乎令人淡忘。可是孙子的思想却超越了这一轮回。人们依旧对它怀有浓厚的兴趣,披沙拣金、孜孜不倦地从中激发灵感、接受启发、寻找教益。这一社会现象存在的本身,已说明了一切:

兵圣孙武永远活着!

《孙子兵法》天长地久!